"十二五"国家重点图书出版规划项目

经济系列

林业史话

A Brief History of Forestry

国家林业局 编

社会科学文献出版社
SOCIAL SCIENCES ACADEMIC PRESS (CHINA)

《中国史话》编辑委员会

主　　任　陈奎元

副 主 任　武　寅　高　翔　晋保平　谢寿光

委　　员　（以姓氏笔画为序）
　　　　　卜宪群　马　敏　王　正　王　巍
　　　　　王子今　王建朗　邓小南　付崇兰
　　　　　刘庆柱　刘跃进　孙家洲　李国强
　　　　　张国刚　张顺洪　张海鹏　陈支平
　　　　　陈春声　陈祖武　陈谦平　林甘泉
　　　　　卓新平　耿云志　徐思彦　高世瑜
　　　　　黄朴民　康保成

秘 书 长　胡鹏光　杨　群

副秘书长　宋月华　薛增朝　袁清湘　谢　安

《林业史话》编委会

主　任　张建龙

副主任　彭有冬

委　员　张鸿文　程　红　尹伟伦

编委会办公室

主　任　李天送　李志宏

成　员　杨玉芳　于彦奇

《林业史话》编写组

主　　　编　严　耕

副 主 编　李　莉

主要编撰人员　李　飞　周景勇

总　序

　　中国是一个有着悠久文化历史的古老国度，从传说中的三皇五帝到中华人民共和国的建立，生活在这片土地上的人们从来都没有停止过探寻、创造的脚步。长沙马王堆出土的轻若烟雾、薄如蝉翼的素纱衣向世人昭示着古人在丝绸纺织、制作方面所达到的高度；敦煌莫高窟近五百个洞窟中的两千多尊彩塑雕像和大量的彩绘壁画又向世人显示了古人在雕塑和绘画方面所取得的成绩；还有青铜器、唐三彩、园林建筑、宫殿建筑，以及书法、诗歌、茶道、中医等物质与非物质文化遗产，它们无不向世人展示了中华五千年文化的灿烂与辉煌，展示了中国这一古老国度的魅力与绚烂。这是一份宝贵的遗产，值得我们每一位炎黄子孙珍视。

　　历史不会永远眷顾任何一个民族或一个国家，当世界进入近代之时，曾经一千多年雄踞世界发展高峰的古老中国，从巅峰跌落。1840年鸦片战争的炮声打破了清帝国"天朝上国"的迷梦,从此中国沦为被列强宰割的羔羊。一个个不平等条约的签订,不仅使中国大量的白银外流,更使中国的领土一步步被列强侵占,国库亏空,民不聊生。东方古国曾经拥有的辉煌,也随着西方列强坚船利炮的轰击而烟消云散,中国一步步堕入了半殖民地的深渊。不甘屈服的中国人民也由此开始了救国救民、富国图强的抗争之路。从洋务运动到维新变法,从太平天国到辛亥革命,从五四运动到中国共产党领导的新民主主义革命,中国人民屡败屡战,终于认识到了"只有社会主义才能救中国,只有社会主义才能发展中国"这一道理。中国共产党领导中国人民推倒三座大山,建立了新中国,从此饱受屈辱与践踏的中国人民站起来了。古老的中国焕发出新的生机与活力,摆脱了任人宰割与欺侮的历史,屹立于世界民族之林。每一位中华儿女应当了解中华民族数千年的文明史,也应当牢记鸦片战争以来一百多年民族屈辱的历史。

当我们步入全球化大潮的21世纪,信息技术革命迅猛发展,地区之间的交流壁垒被互联网之类的新兴交流工具所打破,世界的多元性展示在世人面前。世界上任何一个区域都不可避免地存在着两种以上文化的交汇与碰撞,但不可否认的是,近些年来,随着市场经济的大潮,西方文化扑面而来,有些人唯西方为时尚,把民族的传统丢在一边。大批年轻人甚至比西方人还热衷于圣诞节、情人节与洋快餐，对我国各民族的重大节日以及中国历史的基本知识却茫然无知，这是中华民族实现复兴大业中的重大忧患。

中国之所以为中国，中华民族之所以历数千年而不分离，根基就在于五千年来一脉相传的中华文明。如果丢弃了千百年来一脉相承的文化，任凭外来文化随意浸染，很难设想13亿中国人到哪里去寻找民族向心力和凝聚力。在推进社会主义现代化、实现民族复兴的伟大事业中，大力弘扬优秀的中华民族文化和民族精神，弘扬中华文化的爱国主义传统和民族自尊意识，在建设中国特色社会主义的进程中，构建具有中国特色的文化价值体系，光大中华民族的优秀传统文化是一件任重而道远的事业。

当前，我国进入了经济体制深刻变革、社会结构深刻变动、利益格局深刻调整、思想观念深刻变化的新的历史时期。面对新的历史任务和来自各方的新挑战，全党和全国人民都需要学习和把握社会主义核心价值体系，进一步形成全社会共同的理想信念和道德规范，打牢全党全国各族人民团结奋斗的思想道德基础，形成全民族奋发向上的精神力量，这是我们建设社会主义和谐社会的思想保证。中国社会科学院作为国家社会科学研究的机构，有责任为此作出贡献。我们在编写出版《中华文明史话》与《百年中国史话》的基础上，组织院内外各研究领域的专家，融合近年来的最新研究，编辑出版大型历史知识系列丛书——《中国史话》，其目的就在于为广大人民群众尤其是青少年提供一套较为完整、准确地介绍中国历史和传统文化的普及类系列丛书，从而使生活在信息时代的人们尤其是青少年能够了解自己祖先的历史，在东西南北文化的交流中由知己到知彼，善于取人之长补己之短，在中国与世界各国愈来愈深的文化交融中，保持自己的本色与特色，将中华民族自强不息、厚德载物的精神永远发扬下去。

《中国史话》系列丛书首批计200种，每种10万字左右，主要从政治、经济、文化、军事、哲学、艺术、科技、饮食、服饰、交通、建筑等各个方面介绍了从古至今数千年来中华文明发展和变迁的历史。这些历史不仅展现了中华五千年文化的辉煌，展现了先民的智慧与创造精神，而且展现了中国人民的不屈与抗争精神。我们衷心地希望这套普及历史知识的丛书对广大人民群众进一步了解中华民族的优秀文化传统，增强民族自尊心和自豪感发挥应有的作用，鼓舞广大人民群众特别是新一代的劳动者和建设者在建设中国特色社会主义的道路上不断阔步前进，为我们祖国美好的未来贡献更大的力量。

陈奎元

2011年4月

出版说明

自古至今，始终坚持不懈地从漫长的文明进程中不断总结历史经验教训，从中汲取有益营养，从而培植广阔的历史视野，并具有浓厚的历史意识，这是我们中国文化独有的鲜明特征，中华民族亦因此而以悠久的"重史"传统著称于世。在整个人类文明史上独一无二、系统完备的"二十四史"即证明了这一点。

中华人民共和国成立后，历史知识普及工作被放到十分重要的位置。20世纪五六十年代，著名历史学家吴晗主持编写的《中国历史小丛书》，90年代中国社会科学院院长胡绳组织编写的《中华文明史话》和《百年中国史话》，成为"大家小书"的典范，而后两套历史知识普及丛书正是《中国史话》之缘起。

2010年年初，为切实贯彻中央关于"做好历史知识普及工作"的指示精神，同时也为了更好地弘扬中国传统文化，我们对《中华文明史话》和《百年中国史话》

两套丛书的内容进行了修订和增补,重新设计框架,以"中国史话"为丛书名出版。第十一届全国政协副主席、时任中国社会科学院院长陈奎元亲任《中国史话》一期编委会主任,时任中国社会科学院副院长武寅任编委会副主任。正是有了各级领导的关心支持和诸多学术名家的积极参与,《中国史话》一期200种图书得以顺利出版,并广受好评。

《中国史话》丛书的诞生,为历史知识普及传播途径的发展成熟,提供了一种卓具新意的形式。这种形式具有以通俗表述、适中篇幅和专题形式展现可靠历史知识的特征。通俗、可靠、适中、专题,是史话作品缺一不可的要素,也是区别于其他所有研究专著、稗官野史、小说演义类历史读物的独有特征。

囿于当时条件,《中国史话》一期的出版形式不尽如人意,其内容更有可以拓展的广阔空间,为此2013年4月我们启动了《中国史话》二期出版工作。《中国史话》二期分为经济、政治、文化、社会和生态五大系列,拟对中国各区域、各行业、各民族等的发展历史予以全方位介绍。我们并将在适当时机,启动《世界史话》的出版工作。史话总规模将达数千种。

我们愿携手海内外专家学者,将《中国史话》《世界史话》打造成以现代意识展现全部人类历史和人类文明,集学术性、知识性、趣味性于一体的"万有文库"；并将承载如此丰厚内容的史话体写作与出版努力锻造成新时期独具特色的出版形态。

希望史话丛书能在形塑民族历史记忆、汲取人类文明精华、培育现代国民方面有所贡献，并为广大读者所喜爱。

史话编辑部
2014年6月

目录
Contents

序 …………………………………………………………… 1

一 原始的森林利用 ………………………………………… 1
   1. 森林是人类的摇篮 ………………………………… 1
   2. 火的发现与利用 …………………………………… 3
   3. 人类走出森林 ……………………………………… 6
   4. 山林植物图腾与崇拜 ……………………………… 9
   5. 五帝时期的森林利用 ……………………………… 12

二 夏商周时期林业的萌芽 ………………………………… 16
   1. 重视造林的传统 …………………………………… 17
   2. 最早的树木分类 …………………………………… 20
   3. 林业管理体制及林业法制的形成 ………………… 22
   4. 诸子关于林业的论述 ……………………………… 26

三 秦汉时期林业的形成 …… 34
1. 宫室棺椁，林木之蠹 …… 35
2. 林业职官与法令 …… 38
3. 倚林而富的"素封"者 …… 42
4. 汉赋中的森林 …… 44

四 魏晋南北朝时期林业的自觉 …… 48
1. 世界上第一本竹类专著：戴凯之《竹谱》 …… 48
2. 均田制与劝课农桑 …… 51
3. 中国最早的园艺专著：《魏王花木志》 …… 52
4. 形式多样的森林保护政策 …… 54

五 隋唐五代时期林业的成熟 …… 60
1. 农林结合的永业田制 …… 60
2. 林业资源保护法令 …… 63
3. 刘彤的木材专卖思想 …… 66
4. 陆羽的《茶经》 …… 68
5. 私有庄园中的林业经济 …… 72
6. 文人与林业 …… 77

六 宋辽金元时期林业的快速发展 …… 83
1. 帝王对森林资源的保护 …… 83
2. 苏东坡与林业 …… 87
3. 两宋边防林的营建和保护 …… 91
4. 陈翥及其《桐谱》 …… 95
5. 木材采运技术 …… 99
6. 王祯《农书》中的林业科技与思想 …… 101

七 明至清中期林业的稳步发展 ………………………… 104
1. 林产品生产技术的发展 ……………………… 104
2. 大范围的皇木采办 …………………………… 107
3. 木税的大量征收 ……………………………… 113
4. 刘天和的"植柳六法" ………………………… 118
5. 民间的智慧：龙泉码的发明 ………………… 121
6. 魏源的"游山学" ……………………………… 122
7. 农林科技历史名著涌现 ……………………… 126

八 近代林业的初步建立 …………………………… 132
1. 第一部《森林法》 ……………………………… 132
2. 植树节的确立 ………………………………… 134
3. 林学的形成 …………………………………… 137
4. 林业教育的兴起 ……………………………… 139
5. 列强对东北森林的掠夺 ……………………… 141
6. 孙中山的林业思想 …………………………… 143
7. 革命根据地的林业 …………………………… 145
8. 林业学术团体的成立 ………………………… 151

九 现当代林业的继往开来 ………………………… 153
1. 新中国林业管理思想变迁 …………………… 153
2. 新中国成立以来林业发展概况 ……………… 157
3. 当代林业史研究述要 ………………………… 160

参考文献 ……………………………………………… 167

后 记 ………………………………………………… 169

序

森林是人类文明的摇篮。早期人类祖先大都过着"树叶蔽身、摘果为食、钻木取火、构木为巢"的生活，在逐渐认识和利用森林的过程中，踏上了文明之途。林业是百业之母，人类的原始活动都是在森林中进行的，从采摘及狩猎等简单劳动，逐渐演进为耕种及驯养等较为复杂的生产活动，进而衍生出林林总总的行业。

中国文化历史悠久，林业发展源远流长。早在新石器时代，我国林业就开始萌芽，诸多林业相关内容不仅在许多文献典籍中有所记载，而且在现代考古发掘中也屡有发现。相传神农氏"斫木为耜，揉木为耒"，开启了森林利用的先河。夏商周时期，先民已能辨别许多树木和野生动物，并给它们命名，开始形成了原始的植物分类思想。春秋战国时期，《诗经》中对树木的歌颂，《尚书》中对林产贡品的记载，《周礼》的

"土宜之法",《孟子》的"五亩之宅,树之以桑,五十者可以衣帛矣",《管子》的"十年之计,莫如树木",《荀子》的"草木繁华滋硕之时,则斧斤不入山林,不夭其生,不绝其长也"……种种记载和论述,从山林植物的图腾崇拜到野生动植物的地理分布,从树木种植技术到林业的经济价值,从原始生态保护思想到林业经营方法,无不折射出这个古老而传统的行业自萌芽时期就蕴含的绚烂多彩。

中国林业几千年的发展演替,不仅为人们提供了赖以生存的食物、材料、能源等物质产品,而且留下了宝贵的可持续发展理念和资源永续利用等思想萌芽。在漫长的进程中,我们的祖先依托独特多样的自然条件,创造了灿烂的林业文化,诸如树木文化、花卉文化、中国古典园林文化、森林山居旅游文化等,这些都是中华民族历史文化的重要组成部分。我国的传统哲学、政治经济思想、文学艺术、审美心理、民俗文化,都或多或少、直接或间接地与林业相关联。可以说,一部林业史,也是中华文明崛起和发展的见证史。

由于中国古代社会重视经世致用之学,林业和林学长期未能形成完整的体系,丰富的林业历史文化遗产并不为世人广泛了解。古代和近代传统林业发展,人们倾向于关注木材生产,重视林业的经济功能。随着欧美和日本等国林业经营理念的传入,我国林业学科逐渐形成,森林的生态功能日益为人们所认知,林业也开始由单一的木材生产逐步向生态建设转变。

新世纪以来,随着经济社会发展和人类文明的进步,林业建设被视为事关经济社会可持续发展的根本性问题,其地位和作用越来越重要，林业发展迎来了千载难逢的历史机遇期。党中央、国务院高瞻远瞩、科学谋划，作出了一系列加快林业发展的重大战略决策，明确要求全面建成小康社会，必须把发展林业作为重大举措，建设生态文明必须把林业作为重要途径。

习近平总书记高度重视林业与生态文明建设，指出"森林是陆地生态的主体，是自然生态系统的顶层，是人类生存的根基，关系生存安全、淡水安全、国土安全、物种安全、气候安全和国家外交战略大局"；"绿水青山就是金山银山"；"发展林业是全面建成小康社会的重要内容，是生态文明建设的主要举措"；等等。这些重要论述深入人心。立足新形势和新任务，林业面临着更为重大的历史使命和艰巨任务。因此，以挖掘古代林业文献、呈现重要林业史实、借鉴古人得失为目的的林业史料整理，是一件十分必要和有意义的事。

《林业史话》是《中国史话》系列丛书的重要组成部分。《林业史话》的出版发行，有助于普通读者走进森林、感知林业文化、了解中国林业的发展脉络、体会时代赋予的特殊责任，同时也为林业历史研究者提供了有价值的史料文献参考。

2016 年 10 月 20 日

一 原始的森林利用

中国是世界上最古老的国家之一。早在上古时期,中国的大地上就已有原始人居住。人类的进化经历了一个漫长而悠久的岁月,它是人类不断劳动、与大自然不断进行斗争的结果。同时,人类经历了由完全依赖大自然进而逐步利用大自然从而推动社会发展的历史过程。在这段岁月中人类渐渐脱离了动物界,完成了由猿到人的伟大转变,开始登上了历史的舞台。这一时期,从林业史角度看,属于原始的森林利用阶段。

1 森林是人类的摇篮

上古时期,森林茂密,森林是人类的摇篮和最初的活动舞台。先民们生活在森林中,天天同森林打交道,过着采集狩猎的生活,那是一个衣食住行皆仰给于森林的时代。在与森林共生共存的过程中,先民们逐渐增加了对森林的认识。

中国古籍中关于古人生存环境和生存状态的记载颇多，《路史》一书中记载："有圣者作，楼木而巢，教之巢居以避之，号大巢氏。其为民也，登巢豚蠡、惰食鸟兽之肉。若不能饱者，饮其血、嚼其臑、茹其皮毛，未有火化。捆橡栗以为食，草栖木末。令之曰：有巢氏之民。"《韩非子》一书中记载："上古之世，人民少而禽兽众，人民不胜禽兽虫蛇，有圣者作，构木为巢，以避群害，而民悦之，使王天下，号曰有巢氏。"这些记载，多是春秋战国时代学者根据民间传说所记述，描绘了先民们的生存状态。先民们的食物，主要是"橡栗"，同时还有"鸟兽之肉，饮其血，茹其毛"。为了生存的需要，他们从森林中索取食物，森林成为生活之源泉。草木作为食物之一，主要是木类的果、汁、皮、叶，草类的根、茎等可食之物，故可食其果、衣其皮。

旧石器时代，先民们的食物主要有两类，一类是野生植物的果实、茎叶和块根等；另一类是野生动物的肉。起初生食，后来才熟食。在北京市房山区周口店北京人洞穴里的灰烬层中，曾发现烧过的朴树子，这是目前所知道的最早的"采集"的证据。到了新石器时代，采集仍然是获取食物的手段之一。在距今约7500年的河南省新郑县裴李岗遗址，发现了枣、栗和核桃。在距今7000多年的河北省武安县磁山遗址，发掘出了榛、核桃、小叶朴等炭化果实。在距今约5000年的黄河流域仰韶文化遗址中，也出土了榛子、栗子、松子、朴树子和植物块根以及蜂蜜等。为了取得食物和解决衣着问题，先民们除了采集草木以外，还猎取野生动物。森林中的一些体形较小、性情温和的动物，如鹿、羚羊、野兔等就是他们狩猎的对象，而体形大的猛兽则威胁着他们的生命安全，狩猎时常常是集体进行的。

在解决了食物问题的同时，其居住主要是"楼木而巢"，登高巢居于树上，主要是为了逃避野兽以保自身安全，同时又可以"登巢棳蠡、惰食鸟兽之肉"，即便于向野兽进攻，当战胜野兽后，还可以食其肉、饮其血、曝其臑、茹其皮毛，一举多得。

石器时代可以说是一个木石并用的时代，无论是渔猎采集还是后来农业的出现，都离不开木制武器、工具、器皿的制造，《周易·系辞》记载：斫木为耜，揉木为耒……刳木为舟，剡木为楫……断木为杵，掘地为臼……可见人类的生活都离不开木材，先民们当时已经知道木材不仅可以燃烧，还可以用来制造舟车、弓矢及其他器物。他们不断积累木材利用的经验，才进而识别林木的种类。

最早人类生存于森林之中，森林中的植物、动物是他们生活的来源。森林又孕育了文化、艺术，从古至今，森林始终是人类相依为命的"伴侣"。森林作为人类的摇篮，同人类生存始终存在密切的关系。

2 火的发现与利用

在自然界，由于雷击、火山爆发、木石摩擦、树木互相摩擦等原因可引起树木、森林着火燃烧。经过反复观察，先民们逐渐对火有了认识，知道树木可以燃烧起火。他们偶然经过火烧的森林或草原时捡拾到烧熟的草木茎叶、块根及野生动物的肉等,发现熟食比生食好吃。他们还逐渐发现了火的其他作用。就这样,先民们开始尝试用火,起初是利用自然火,以后学会保存火种,再往后能人工取火。

火的发现与利用是人类进化的一个重要标志,火的出现,可以使生食变成熟食、烧火御寒,可以放火驱散或捕获野兽,还可焚毁林地,建造房屋居住。因此人类逐渐开始原始的农业生产。古人用火始于"燧人氏"。《韩非子·五蠹》中说:"民食果、蓏、蚌、蛤,腥臊恶臭而伤害腹胃,民多疾病。有圣人作,钻燧取火,以化腥臊,而民说之,使王天下,号之曰燧人氏。"由于火的发现和使用,木材才被有意识地作为燃料。

考古发掘中曾多次发现上古先民用火的遗迹。西侯度文化遗址中发现有鹿角、马牙和动物肋骨。这些动物遗骨呈黑色、灰色和灰绿色,化验表明是被烧过的。同时还发现有石制品,包括石核、石片和经过加工的石器。石器主要用石片加工而成,有刮削器、砍斫器、三棱大尖状器等。由于在同一地点发现了被烧过的兽骨和石器,因此可以推知,这些兽骨不是偶然被野火烧过的,而可能是人们用石器捕获了兽类,有意识地用火烧食后遗留下来的。这大概是迄今发现的最早的中国先民用火的痕迹。在北京房山县周口店发掘的"北京人"距今已有50万年至40万年,在他们居住的山洞村,曾从土石的地层里发现烧过的木炭和灰烬,以及烧过的土块、石头和骨头,而且这些烧过的东西,并不是普遍地分散在地层里,而是堆积在一起。这种情形清楚地说明:这些堆积不是天然野火留下的痕迹，而是有意识地管理和使用火的痕迹，因此，科学家们断定："北京人"已经能够使用火了。

火的发现推动了人类的进化，同时给稳定的森林生态系统带来了人为的压力。虽然森林中的天然火时有发生，自生自灭，但这也是森林自我更新的手段。由于没有人为的干预，尽管大片森林年年被野火烧毁，却仍能保持自然界的平衡状态。人类发现火之后，开始利用火的威力进行生产活动。先民盛行"火猎"捕捉野兽，将大片森林点燃，烈火卷着浓烟，迫使野兽自林中逃出，人们用各种武器将其捕获。这种火猎的方法，被认为是古代森林狩猎的主要方式，并且延续了很长时间，史籍中称为"燎猎"或"火田"。

中华民族使用火的代表人物除了传说中的燧人氏外，还有炎帝。炎帝是上古时期姜姓部落的首领，这个部落以火为图腾。《左传·昭公十七年》记载"炎帝氏以火纪，故为火师而火名"。

农业文明的出现，是以森林消失为代价的。中国"火田"之法的产生离不开火的使用，因为人们发现整田种植需要用火烧掉林木灌丛，而这是一举数得的事，可以驱赶野兽，可以平整土地，可以除害虫，还可以施肥。这是火田法实用的一面，因此古代农林官吏的主要职责就是管理火事。这种"刀耕火种"的传统和于山地开垦农田的做法，将大量的林地转化为农田。

由于古人认识的局限性，先民们在上古时期盲目地焚毁森林，其目的是为自己的生存创造条件。不可否认，森林是能再生的天然资源，有着顽强的生命力，在适当条件下可以毁而复生,这是大自然自我调节的功能。但是反复地、过度地破坏,则将出现荒芜无林的后果。由于上古时期人群稀少,活动范围有限,所以对繁茂的原始森林还未形成重大威胁。

3 人类走出森林

在中国古代传说中,"神农氏"的出现,是人类走出森林、走出洞穴,进入平原地区,驯化野生动物,开始原始牧业和以野生植物为种植业而开始原始农业的必然结果。

神农氏,是上古时期氏族社会的部落首领。在集体智慧的创造下,氏族社会不断累积生产经验,火焚或砍伐树木,在平原地区建造原始房屋,定居下来,在土地上播下种子,开始了原始农业的生产,同时结合狩猎和捕鱼,不断丰富生活内容,提高了生产力。神农氏亲自采集植物、品尝百草,如《淮南子·修务训》中所说的"尝百草之滋味,水泉之甘苦,令民知所辟就"。他还在实践中认识到草根树皮可以治病,是以草木入药的发明者,中国传统的本草学亦源于此。他又"斫木为耜,揉木为耒",教民耕种,"古者民茹草饮水,采树木之实,食蠃蜯之肉,时多疾病毒伤之害,于是神农乃始教民播种五谷",这意味着人类的经济活动由渔猎时代进步到定居一地的农耕时代,一个开发林地、发展农牧的社会逐渐形成了。

浙江余姚河姆渡遗址是已经发现的长江流域新石器时代最早的遗址,其文化遗存距今约7000年,出土有骨耜、木耜和稻谷、稻壳、稻秆的大量堆积,渔猎工具有骨制箭头、鱼鳔、网坠、骨哨等,动物遗骸达50多种,其中包括猪、狗等家畜。还有成堆出土的橡子、菱角、酸枣、麻栎、葫芦等果实的果壳和果核。还出土了一只独木舟残骸和7只木制船桨,被认为是我国舟楫之源,也是早期木材利用的例证。

距今5000年左右的新石器时代晚期,黄河流域、长江流域以及辽河、大凌河流域、珠江流域等地区的氏族部落,已较普遍地形成了以原始农业为主,兼营家畜饲养和渔猎采集的综合经济。

我国黄河流域的原始居民由渔猎畜牧经济进入农耕经济较早,故出现了"仰韶文化""大汶口文化""龙山文化"等有地方特色的文化。这些文化遗址充分说明氏族社会的人群已经走出森林,形成村落,定居在平原或坡地上,并广泛分布于我国各地,他们根据当地的资源特点,从事原始农业、牧业以及狩猎、捕鱼等各种经济活动。生活中不可缺少的物资,除食物之外就是木材,烧煮食物、取暖御寒、修建房屋、制造生活用品、制造生产工具等都离不开木材,而木材又取之于漫山遍野的森林。不少地方开始采伐森林,同时还有毁林开荒、纵火焚林狩猎等活动,各地的天然森林遭到不同程度的破坏。

原始农牧业的发展,是人类社会进步的重要标志。这是以毁掉森林为前提而取得的进步,一方面促进了生产力的提高;另一方面则破坏了森林,对大自然的外力干扰加强。无论是神农氏传说还是考古发掘,无论是植物采集还是林产品的利用,尽管此时我国先民还没有跨入文明社会的门槛，但他们已经逐渐走出森林，开始向文明社会迈进。

炎帝神农氏遍尝百草图

注：本图选自梁启德《古代神话人物白描画谱》，广西美术出版社，2001。

4 山林植物图腾与崇拜

上古时期是一个原始自然宗教盛行的时代，也是一个多神崇拜的时代，一切自然现象都被人们奉为神灵。森林是人类的摇篮，作为森林资源的动植物也被奉为神灵。这种原始自然宗教起到了对森林资源保护的作用，成为该时期林业文化的内容之一，其中包含古代哲学思想的萌芽。

在生产力极端低下的情况下，面对变化莫测的世界，人们产生一种对自然现象和超自然力量的崇拜以及对征服自然的幻想，认为万物皆有神灵主宰。为了趋福避祸，人们则需要乞求神灵庇佑，于是进行各种祭祀活动。

自然宗教意识所崇拜的对象主要是自然力，除了太阳、火、云、月亮、星辰、风雨、雷电之外，还有土地、山川和森林，包括树木和动植物。先民们为了生存和延续，除了进行有限的斗争外，更多的是对自然的依赖、祈求和幻想。图腾崇拜是一种自然崇拜和祖先崇拜相结合的原始宗教，主要特征为迷信和崇拜本族祖先或与本族有特殊关系的保护神，并以此为本族的标志。

森林是人类赖以生存的自然条件，因此也被作为崇拜的对象，成为图腾文化的主要发源地。上古时期，环境良好，植被覆盖率高，因此森林动物繁衍活跃。鸟兽等野生动物，或因为力量强大、爪牙锋利而为人类所敬畏，或因与人类关系密切、能庇佑造福人类而为人类所肯定，因此它们被赋予了图腾的神话色彩。以常见的鸟类为例,据《史记》记载,商朝和秦朝的先祖都来自玄鸟。《殷本纪》记载,商朝的先祖契,"母曰简狄,有娀氏之女,为帝喾次妃。三人行浴,见玄鸟堕其卵,简狄取吞之,因孕生契";《秦本纪》记载,"秦之先,帝颛顼之苗裔孙曰女修。女修织,玄鸟陨卵,女修吞之,生子大业。大业取少典之子,曰女华。女华生大费,与禹平水土","大费拜受,佐舜调驯鸟兽,鸟兽多驯服,是为柏翳。舜赐姓嬴氏","大费生子二人:一曰大廉,实鸟俗氏;二曰若木,实费氏","大廉玄孙曰孟戏、中衍,鸟身人言","中衍之后,遂世有功,以佐殷国,故嬴姓多显,遂为诸侯"。这些玄鸟图腾,实际上与当时部落制度有着密切关系,同时也与农耕生产所依赖的季节性气候有关。《左传·昭公十七年》还记载了少昊氏部落的鸟图腾崇拜:"秋,郯子来朝,公与之宴,昭子问焉,曰:'少皞氏以鸟名官,何故也?'郯子曰:'吾祖也,我知之。昔者黄帝氏以云纪,故为云师而云名。炎帝氏以火纪,故为火师而火名。共工以水纪,故为水师而水名。大皞氏以龙纪,故为龙师而龙名。我高祖少皞,挚之立也,凤鸟适至,故纪于鸟,故为鸟师而鸟名。'"郯子所说的"纪"与"名"都是图腾标志的意思。大皞一说伏牺,伏牺氏"因龙马负图而出于河之瑞,故官以龙纪,而为龙师……命栗陆氏为水龙师,繁滋草木,疏导泉源,毋怠于时"。"水龙师"可能是传说中以龙为图腾的氏族官员,也可看作最早的林业职官。

上古时期，山林不但是人类获取生产生活资料的重要来源，也因其神秘莫测而被赋予神奇的作用，例如降雨、降福等。因此，人民对山林中树木有着特殊的感情，森林植物往往被赋予图腾的意义加以崇拜。例如《左传·昭公十六年》记载："郑大旱，使屠击、祝款、竖柎有事于桑山。斩其木，不雨。子产曰：'有事于山，蓺山林也，而斩其木，其罪大矣。'夺之官邑。"这种祭祀山林以降雨抗旱的认识，属于山林崇拜的内容。人们对砍伐林木造成祭祀失败的认识，暗含了人们保护森林植被的可贵意识。此外，我国是世界上最早饲养家蚕和缫丝制绢的国家，人们长期将桑与蚕并奉为神明，桑树也因此成为先秦人民崇拜的树木之一。《山海经·海外北经》云："欧丝之野在大踵东，一女子跪据树欧丝。"郭璞注："言瞰桑而吐丝，盖蚕类也。"《中山经》云，"又东五十五里，曰宣山"，"其上有桑焉，大五十尺，其枝四衢，其叶大尺余，赤理黄华青柎，名曰帝女之桑"。这些都属于典型的桑蚕图腾。同时，人们还将桑林视为兴云致雨、解除旱灾的神明之所，《吕氏春秋·顺民》曾记载"昔者汤克夏而正天下，天大旱，五年不收，汤乃以身祷于桑林"。商汤桑林祈雨，也是植物图腾崇拜的明显例证。

中国古代是多神崇拜的时代，各种自然现象包括森林动植物都曾被视为神灵。人类社会先有狩猎经济，其传说中代表人物为伏羲氏，后有采集经济，其传说中代表人物为神农氏，故对森林动物的崇拜略早于对森林植物的崇拜。

山林植物图腾与崇拜：民社图

注：本图选自（明）王圻《三才图会》。

5 五帝时期的森林利用

上古之世，森林茂密，栖息着众多猛兽，有碍民生，因此林业的重要任务是摧毁森林，以排除生活障碍。如焚烧森林，以扩展耕地；砍伐森林，以利居住等，都是破坏森林的例子。

《越绝书》中记载，黄帝时"烧山林，破增薮，焚沛泽，逐禽兽，以益人，然后天下可得而牧也"。这种烧山林、破增薮、焚沛泽、逐禽兽的事，非仅黄帝一人，其他帝王也是如此。如《管子》中说："至于黄帝之王，谨逃其爪牙；有虞之王，枯泽童山；夏后之王，烧增薮，焚沛泽，不益民之利；殷人之王，诸侯无牛马之牢，不利其器；周人之王，官能以备物。"意思是不论黄帝之平定四方，虞舜之断水、伐林，夏后氏之焚草薮，不准富人取得财富，商朝限制诸侯经营畜牧，以及周人之集中物资管理有才之人，都是便于统治，方法虽然不同，但其目的则是一致的。由此可见，伐林、烧草、驱逐野兽，排除生活上之威胁，以保人民之安全，也为治术之一种。

尧时洪水泛滥，用鲧治水，结果"用鲧九载，功用不成"。舜即位，以禹为司空，以益为朕虞。《史记》中记载："舜曰：'谁能驯予上下草木鸟兽？'皆曰益可，于是以益为朕虞。"于是"益主虞，山泽辟"，益是如何辟山泽，逐禽兽，以造福百姓呢？"益烈山泽而焚之，禽兽逃匿"，百姓得安。

夏禹继承父亲鲧的治水事业，疏导洪水并综合整治国土。"居外十三年，三过家门不敢入"，经过十几年的努力，"开九州，通九道，陂九泽，度九山"，足迹遍及九州。具体工作"兴人徒以傅土，行山表木，定高山大川"，傅土就是理九州之土，进行了我国第一次国土整治。表木就是砍木以为标志，随山刊木是非常必要的，因为林木砍伐之后，视野清楚，可以规度土功，不迷道路；禽兽逃匿，可以安居；树木可用，且可防治洪水。禹同时也注意到各地森林资源分布广泛，规定各州的贡赋，其中包括林产品。据《尚书》记载，天下九州之林产各有特色，兖州，树木生长的情形是"厥草惟繇，厥木为条"（草类生长茂盛，树木枝干修长），出产的是"厥贡漆丝，厥篚织文"（进贡的是漆、丝和用篚包装的丝绸）；青州出产的是"岱畎丝、台木、铅、松、怪石"（泰山山谷出产的是丝、麻、铅、松和怪石）；徐州的贡品是"峄阳孤桐"，即峄山南坡之桐；扬州的森林"涤荡既敷，厥草惟夭，厥木为乔"（大小竹类遍地，草类幼嫩美好，树木高大）；荆州的贡品是"厥贡羽毛、齿革、惟金三品"。

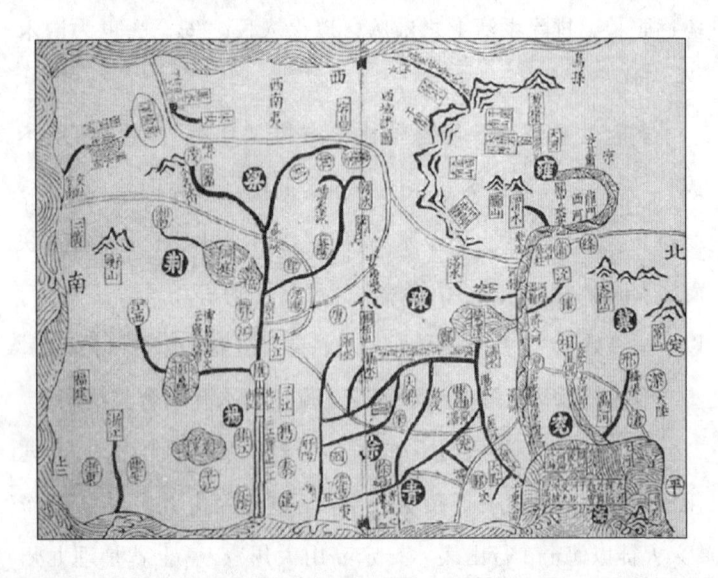

禹贡山川地理图（宋　程大昌）

总之，这个时期是一个森林资源丰富、人类与森林结为一体的时代，人类的衣、食、住、行都与森林不可分割，人类对森林有着无尽的依赖、无尽的利用、无尽的破坏，以使人类居住安全、生活安定，从而逐渐迈入农业时代。

二　夏商周时期林业的萌芽

夏商周时期的历史，起自夏王朝建立，历经商、西周以及春秋、战国，止于秦王朝统一。

夏商时期（前2070~前1046）是中国古代林业的萌芽时期。这一时期人类主要活动的黄河中下游区域气候温暖湿润，降水丰富，土质肥沃，到处都是森林与草原，因此农业、畜牧业、手工业、建筑业、采矿冶炼业等都与林业有着密切的关系。但由于没有历史文献传世，只能依靠甲骨文的少量内容、历史传说以及后世文献记载，有关林业的史料匮乏，因而无法准确勾勒出当时林业发展的清晰面貌。

西周与春秋、战国时期（前1046~前221）是中国古代林业的形成时期，这一时期，国家疆域扩大，人口增多，人类社会对丰富的森林资源产生了更多需求。尤其是春秋、战国时期，随着冶铁业的发展和铁器的广泛应用，社会生产力水平提升，人类对于森林的开发利用进入一个新阶段。与其他行业一样，林业在森林培育技术、造林规模、木材采伐运输、木材加工利用、木工兴造技术等方面，都有很大进步。在林业管理方面，据《周礼》记载，当时已经有多种机构设施、职官，职责明确、分工详细且编制庞大。在这一背景下，林业思想在诸子百家争鸣中得以发展，达到了新的水平，无论是后世尊奉的《诗》《书》《礼》《易》《春秋》等文化经典，还是儒、墨、道、法等诸子百家，都包含丰富的林业思想，这些成为后世林业文化的重要源头。

1 重视造林的传统

我国重视植树造林的传统由来久远。新石器时代仰韶文化之西安半坡遗址中，有榛、栗等树籽的发现，间接地佐证了古人植树造林的历史久远。此外，随着桑蚕业、林果业的发展，人工培育栽植树木成为传统农业的组成部分。我国古代重视植树造林，大致分为以下几类。

边防林的营造

上古时期，部落之间战争成为边防林出现的重要起因，这从我国早期文字中的"封"字可见一斑。古代的"封"字，据汉代许慎《说文解字》的解释，为"爵诸侯之土地"。分封制之下，各国之间的边界多以山林为划分界点，这就是最早意义上的边防林。

秦汉以来，国家疆域扩大，对边防林的需求继续增强。人类社会的发展与科技的进步，使营造大面积的边防林成为可能。大规模的边防林建设，在秦代、宋代、明代等对抗周边少数民族政权的斗争中,都曾有过。例如,据《史记》记载,秦统一六国之后,于秦始皇三十三年(前214)"西北斥逐匈奴",并且在军事战争的同时,修筑城堡巩固边防,为了防卫的需要,种植榆树以为屏障,由大将军蒙恬负责,"蒙恬为秦侵胡,辟地数千里,以河为竟,累石为城,树榆为塞,匈奴不敢饮马于河"。陕西省的榆林等地名均源于此。

墓地植树的文化

我国古代素有墓地植树的传统,常与社树相通,以表示哀悼与怀念之意。《周礼·春官宗伯》记载,周代有墓大夫、冢人之官职,墓大夫主管墓地所有权的纠纷,冢人执掌公墓之地,按照爵位等级的高低,规定坟墓尺寸、高低、大小及种植树木的种类。具体来说,根据《白虎通·崩薨》记载,天子坟高三仞(周代一仞为八尺;西汉为七尺;东汉为五尺六寸),树以松;诸侯半之,树以柏;大夫八尺,树以栾;士四尺,树以槐;庶人无坟,树以杨柳。

墓地植树的一个典型案例,就是曲阜孔林。孔子去世后,弟子们遵照其遗愿将其葬于曲阜城北泗水之上,"墓而不坟"。到秦汉之际将坟高筑,但只有少量墓地。自汉武帝独尊儒术之后,儒学为历代统治者所推崇,孔林的规模也越来越大。东汉桓帝永寿三年(157),鲁相韩勅修缮孔子墓,当时孔林"地不过一顷"。到北齐时,孔林已有树木600余株。北宋宣和年间,又在孔子墓前修造石仪。明洪武十年(1377)将孔林扩为3000亩的规模。清雍正八年(1730)大修孔林,并派专官守卫。

据统计，自汉以来，历代对孔林重修、增修13次，增植树株5次，扩充林地3次。整个孔林周围垣墙长达7.25公里，总面积2平方公里，比曲阜城还要大很多。作为中国第一批全国重点文物保护单位，孔林内现有各类树种总计10万多株。

孔林大门

风水纪念林的传承

人类早期的树木崇拜，随着社会历史的不断演进而有所变化，树木逐渐被赋予寄托某种感情的文化色彩。先民们往往通过某些树木的栽植，来表达对家乡的热爱和对亲近之人的怀念，以及对风水的重视和对美好生活的祈祷。"甘棠遗爱"的典故，就反映了这种美好的祝愿。

据《史记·燕世家》记载，周武王死后，召公与周公共同辅佐周成王。召公以德治国，体察民情，得到人民的支持和爱戴。召公在巡查地方民情之时，就在一棵大棠树下审判案件、处理政事，上到贵族下到百姓都受到公正对待，没有失误之处。召公去世之后，地方百姓怀念召公的德政，因而对于召公曾经处理政事的那棵棠树十分爱护，自觉保护，严禁砍伐毁损，并且以此创作歌谣歌颂召公的德行，这就是《诗经·甘棠》之诗的由来，并且形成了"甘棠遗爱"的美好典故。甘棠遗爱，其实就是我国古代纪念林的开端，此后民间沿袭成俗，形成了民间植树以为纪念的美好传统。

列树表道的传统

"列树表道"为中国古代林业文化的传统之一，种植行道树的历史由来已久，最早可以推溯至周代。据《周礼·秋官司寇》记载，周代种植行道树已经成为国家的制度，政府中有专门的官员"野庐氏"，其职责就有负责管理公路、驿站、水井和行道树，"掌达国道路，至于四畿，比国郊及野之道路宿息井树"。秦始皇统一六国之后，"为驰道于天下"，进行了大规模的以松树为主要树种的行道树的栽植工程。

可见，种植树木"列树表道"有益于国家和民生，有利于改善环境，因而受到王朝的重视与应用，形成了悠久的行道树栽植传统，对后世影响深远。时至今日，"列树表道"仍然在人们的日常生活中得以体现。

2 最早的树木分类

夏商周时期，尤其是春秋战国时期，随着科学技术的进步

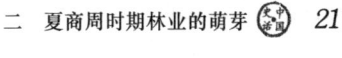

与开发利用自然能力的提升，人类对森林资源的认识也越来越清晰。这一时期，在实践的基础上，中国古代最早的树木分类初步形成，并且在历史文献记载中得以体现。《诗经》《周礼》《尔雅》等文献均有记载。

《诗经》是我国最古老的诗歌总集，也是中国林业史的重要文献，最突出的是《诗经》中出现了大量关于古代动植物种类及名称的记载。据统计，《诗经》中有草名105个、木名75个、鸟名39个、兽名67个、虫名25个、鱼名20个，这些动植物名称成为后来经学家名物研究的重要内容。《诗经》中很多篇章都有关于森林风物、森林文化的内容，其中提到的植物有松、桧、桐、梓、杨、榆、漆、栗、桑等多种乔木，杞、楚、榛等灌木，桃、李、梅、苌楚（猕猴桃）等果树以及竹子等。《周南·汉广》有："南有乔木，不可休思。"《周南·葛覃》又有："黄鸟于飞，集于灌木。"这是文献中关于树木分类中的乔木、灌木两个名词的较早记载。此外，《诗经》中还提及森林采伐，砍桑条养蚕，打枣，利用椿树作柴薪，利用树木建筑宫室、制造乐器等众多林业活动。

《周礼》又名《周官》《周官经》，世传为周公所作，大部分学者认为成书于春秋战国时期，为研究先秦政治制度的重要文献。《周礼》以职官编排章节，分"天官冢宰""地官司徒""春官宗伯""夏官司马""秋官司寇""冬官考工记"。其中，《周礼·地官司徒》中有大量关于林业官署、官职的记载，也有中国古代生物分类系统理论，将动物分为毛物、鳞物、羽物、介物、蠃物，将植物分为皂物、膏物、核物、荚物、丛物,并且概括了它们的主要特征,奠定了中国古代动植物分类法的基础。

《尔雅》是我国古代第一部训诂专著,共19篇,其中《释草》《释木》《释虫》《释鱼》等专章解释古代生物名称的含义和性状,开创了我国古代生物学研究之先河,积累、保存了大量的生物学资料。书中对动植物鸟、兽、虫、鱼、草、木的划分与现代划分法基本一致。据当代林业史专家张钧成先生统计,其动植物类涉及物种草类220种、木类92种、虫75种、鱼62种、鸟84种、兽58种。《尔雅·释木》指出"小枝上缭为乔""无枝为檄""木族生为灌",明确提出了乔木、灌木的树木划分标准;书中所收植物按照现代分类学来看,包括伞菌科(菌类)、竹亚科(竹类)、鼠李科、杨柳科(柽柳)、桃李属、梓属、槭属、桑属、槐属、枣属等。

可以说,《诗经》《周礼》《尔雅》等文献中关于中国古代树木分类理论的记载,推动了古代动植物研究的发展,也为研究古代林产动植物资源以及林业利用提供了重要史料来源。

3 林业管理体制及林业法制的形成

自出现国家政权开始,历代大都设有专门负责管理山川林泽等自然资源的官吏;而且历代政府颁布的法令之中,也有诸多关于林业保护与开发利用的内容。

殷人基本上是一个半耕半牧的民族,经过几代的发展,逐渐走上定居耕作的生活方式,在政府组织上,有"六府""六工"机构,"六府"包括"司土、司木、司水、司草、司器、司货",与有关自然经营的各种官吏都有配备;"六工"包括"土工、金工、石工、木工、兽工、草工,典制六材",其中"木工,轮舆车卢匠车梓也",乃建造车辆、房屋、武器及农具之人,在木材利用方面有非常详细的分工。由这些木材利用之官,可见当时林产之丰富。

西周时期,已经有了比较成熟的林业职官。据《周礼》记载,典型的林业管理职官主要有三类。

其一,负责森林防火的职官,主要有司烜氏、司爟。其中,司烜氏侧重于森林防火的立法,司爟侧重于森林防火的执法。《周礼·夏官司马》记载:"司烜氏……中春,以木铎修火禁于国中、军旅,修火禁";"司爟掌行火之政令……时则施火令……凡国失火,野焚莱,则有刑罚焉"。

其二,负责林木培育的职官,主要有遂人、封人、掌固、野庐氏、冢人、场人。据《周礼·地官司徒》记载,遂人管理邦国的野外,负责所在地的水渠道路的植树;封人管理王城的社坛,并在其周边植树造林;场人管理国家的园圃,负责林果特产的守藏与进献。《春官宗伯》记载,冢人负责公墓之地,以及监督百姓坟墓的尺寸和墓地植树的种类和数量。《夏官司马》记载,掌固管理沟渠堤岸的修建以及道路植树;司险执掌国家的地图,了解山林川泽的分布,在山川险要之处植树造林,加强防御。《秋官司寇》记载,野庐氏负责四通八达的道路,以及道路旁的休息住宿场所、水井和沿途的行道树。此外,还有《天官冢宰》中记载的兽人和《地官司徒》中记载的囿人,负责管理周王苑囿与邦郊野外的野生动物,以及田猎、祭祀、进献等事宜。

其三,负责林木利用与管理的职官,主要有大司徒、山虞、林衡、柞氏。据《周礼·地官司徒》记载,大司徒是地官之长,掌管土地与社稷、人民及其教化,负责税赋等经济事务,"辨其山林、川泽、丘陵、坟衍、原隰之名物,而辨其邦国都鄙之数,制其畿疆而沟封之。设其社稷之壝,而树之田主,各以其野所宜木,遂以名其社与其野……以阜人民、以蕃鸟兽、以毓草木、以任土事"。山虞和林衡是专业化色彩较为突出的林业职官,山虞的职责主要是执掌山林之政令,掌管林木砍伐的日期和数量,并对盗窃林木的行为进行处罚,"掌山林之政令,物为之厉,而为之守禁。仲冬斩阳木,仲夏斩阴木,凡服耜斩季材,以时人之,令万民时斩材,有期日。凡封工入山林而抡材,不禁。春秋之斩木不入禁。凡窃木者有刑罚"。林衡属于护林人员,主要负责执掌山林的禁令,进行巡守保护,并定时巡查林木数量而据此进行赏罚,当采木时节到来时,则辅助山虞进行木材的采伐利用,"林衡掌巡林麓之禁令,而平其守。以时计林麓而赏罚之。若斩材木,则受法于山虞,而掌其政令"。《秋官司寇》记载,柞氏负责采伐草木山林,应当是执掌对木工人员的管理,"柞氏掌攻草木及林麓。夏日至,令刊阳木而火之。冬日至,令剥阴木而水之。若欲其化也,则春秋变其水火。凡攻木者,掌其政令"。

在林业管理机构与职官逐步形成的同时,也出现了与之相对应的林业法制。夏商周时期的林业法制有两类,一类是基于原始宗教观念和帝王的专制观念,所规定的封山和禁伐林木的法规。如天子封禅的名山大川要"封山""禁山",山上的草木土石都是神圣的,如《史记·封禅书》所述"古者封禅为蒲车,恶伤山之土石草木"。各地的社树也是神圣的,例如兵书《六韬·略地》规定"社丛勿伐"。周景王十九年(前526),郑国大旱,郑相子产对在桑山求雨过程中破坏森林砍伐山木的官员进行了惩处,这是林业法制的一个案例。这种以封山为代表的林业法制,在漫长的传统社会一直延续着。

另一类林业法制是基于农林生产的需要,结合"阴阳五行说"的理论,规定以时禁发和保护自然资源。例如,《礼记·王制》提出,"草木零落,然后入山林";"昆虫未蛰,不以火田,不麛不卵,不杀胎,不殀夭,不覆巢"。《礼记·月令》厘定了一年四季林木禁发的时间,如孟春之月禁止伐木,仲春之月毋焚山林,季春之月毋伐桑柘,孟夏之月毋伐大树,仲夏之月毋用火南方,季夏之月命虞人入山行木、毋有斩伐,季秋之月草木黄落,乃伐薪为炭,季冬之月收秩薪柴等。《吕氏春秋》进一步阐述了"四时教令",归纳了"以时禁发"的思想,重申了一年十二个月中有关森林保护、限时采伐、狩猎的规定,如季夏之时"树木方盛,乃命虞人入山行木"、季秋之时"草木黄落,乃伐薪为炭"、仲冬之时"山林薮泽,有能取疏食、田猎禽兽者,野虞教道之"等。

由此可见,以"四时教令"中以时禁发为代表的林业法制,是夏商周时期人们在长期农林生产实践中形成的,对于当时的农林生产具有调节和约束作用,对于森林资源保护和持续利用具有积极推动作用,也对后世林业发展影响深远。

4 诸子关于林业的论述

老庄崇尚自然

春秋战国之际,道家是重要的学术流派,典型代表人物是老子和庄子,具有代表性的主张是"道法自然"。道家学说中有很多关于林业的认知。

老子,姓李,名耳,亦称老聃,为春秋末年思想家,做过周朝的"守藏室之史",有《老子》(亦称《道德经》)一书传世。老子将"道"视为事物本源、本质和规律,提出"道生万物""道法自然"。他观察树木的生长和死亡,看到"合抱之木,生于毫末";看到"万物草木之生也柔弱,其死也枯槁","兵强则不胜,木强则兵",认识到了植物的自然演进规律;还提出了"将欲取之,必姑与之",认识到人对自然资源不能无限制地索求,要用辩证的方式看待与获取。

庄子(前369~前280)名周,战国时期著名思想家,曾做过漆园吏(管理漆树园的官吏),有《庄子》一书传世。在自然观方面,他继承和发展了老子哲学的唯心主义部分,提出万物一体、"天地与我并生,万物与我为一"的思想;他向往"禽兽成群,草木遂长"的自然状态,主张人类社会最理想的状态,应当是回到与禽兽同居、与万物和谐共处、人类对自然不施加任何影响的原始社会,"夫至德之世,同与禽兽居,族与万物并";他主张绝圣弃智,反对人对自然的任何干预和改造,这样才有利于万物的繁衍生息。

老庄哲学崇尚自然，对后世林业和林业思想产生了重要影响，也产生了一定的积极作用。往往于战乱之后，为了恢复被破坏的经济，一些君主奉行黄老哲学，对人民实行宽松的政策。汉代经过战乱之后，黄老无为的思想流行于朝野，对森林的恢复和林业政策有较大的影响，反映在林业政策方面，或颁布诏书鼓励民间广植树木；或颁布弛山泽之禁的政令，将皇家园圃假民种植；或开放禁山，允许人民入内采伐捕猎；或减轻人民的林业赋税。中国本土宗教道教，秉承了道家学派的诸多思想主张，且在全国各名山大川兴建道观，把周围林木看作风水龙脉，对中国古代的森林保护起到了一定的积极作用。

墨子节葬节用

墨子（前468～前376）名翟，春秋末战国初著名思想家，木工出身，后做过宋国大夫。其所开创的墨学与儒家并称显学。其主张节用、节葬、兼爱、非攻、明鬼等，对后世林业有一定影响。

墨子针对当时大兴土木、滥伐森林，在建筑方面主张节用木材，提出"其旁可以圉风寒、上可以圉雪霜雨露、其中蠲洁，可以祭祀，宫墙可以为男女之别则止"；针对当时"国弥大，家弥富，葬弥厚……题凑之室，棺椁数袭，积石积炭，以环其外"的厚葬奢靡风气，墨子主张节葬，提出"朽骨""朽肉""深葬""有标志"的原则，认为丧葬简约即可，"棺三寸，足以朽骨；衣三领，足以朽肉"，反对追求奢华，浪费自然资源。

墨子主张非攻，反对"入其国家边境，芟刈其禾稼，斩

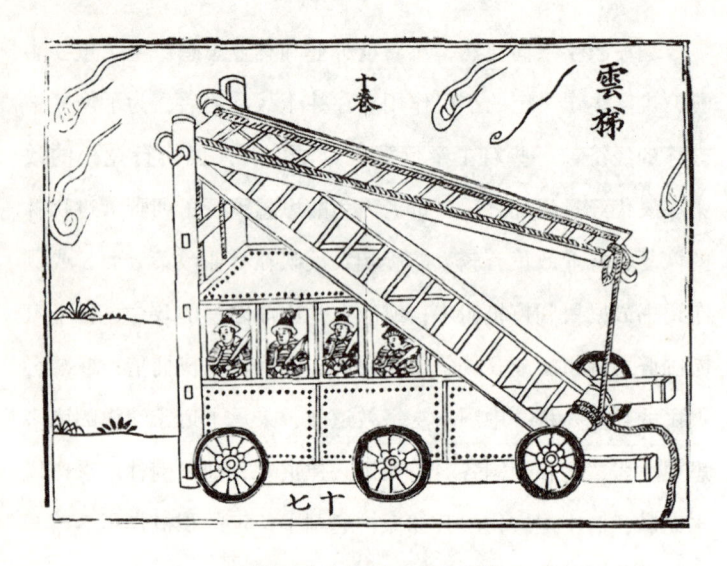

云梯图（北宋《武经总要》）

其树木，堕其城郭，以湮其沟池，攘杀其牲牷，燔溃其祖庙，劲杀其万民"的非正义战争。墨子认为战争"春则废民耕稼树艺，秋则废民获敛"，使百姓饥寒交迫，给百姓带来深重灾难。据《墨子·公输》记载，战国时期著名木工公输班（鲁班）为楚国制造了云梯，准备攻打宋国，墨子听说后，立即长途跋涉十天十夜赶到楚国都城郢，以理说服公输班；继而劝说楚王放弃战争，楚王命他与公输班进行攻城战的模拟演习，"公输盘九设攻城之机变，子墨子九距之。公输盘之攻械尽，子墨子之守圉有余"，公输班最终处于下风；墨子还告诉楚王，他还安排大弟子禽滑厘带领三百名精壮弟子，带着他所制造的守城器械，已经前往宋国助防。最终，楚王放弃了攻打宋国的计划。从这个故事中我们可以看到，墨子是一个既有理论又有实践的木工专家，所著《墨子》一书中有"备城门""备高临""备梯"等篇章，其中有许多关于木工工艺的记载。墨子在木材加工利用方面有很高的技术成就，甚至有"削竹木为鹊，成而飞之三日不下"的惊人技艺。

墨子关于节用、节葬、非攻的主张，对后世保护农林生产、节约利用森林资源产生了一定积极作用。

孟子主张保护自然

孟子（前372～前289）名轲，战国时期著名的思想家、政治家，孔子之孙孔伋的再传弟子，儒家学派的代表人物之一，与孔子并称"孔孟"。

孟子所处时代，正是中国古代社会的大变革时期。孟子顺应时代趋势，向执政者积极建言发展农林生产。在其言论中，主张以时禁发，合理保护、利用农林资源，并且将林业视为国家经济生活的重要组成部分，同时也是稳定统治与充实民生的重要途径，即"不违农时，谷不可胜食也；数罟不入洿池，鱼鳖不可胜食也；斧斤以时入山林，材木不可胜用也。谷与鱼鳖不可胜食，林木不可胜用，是使民养生丧死无憾也。养生丧死无憾，王道之始也"。

孟子提出要让百姓有恒产，他主张的园圃经营模式，"五亩之宅，树之以桑，五十者可以衣帛矣。鸡豚狗彘之畜，无失其时，七十者可以食肉矣。百亩之田，勿夺其时，数口之家可以无饥矣。谨庠序之教，申之以孝悌之义，颁白者不负戴于道路矣。七十者衣帛食肉，黎民不饥不寒，然而不王者,未之有也"。在孟子的园圃主张中,林业生产扮演着重要角色。

孟子重视农林资源,强调农林资源保护,并以其居住地附近的牛山之林为例进行论说。据《孟子·告子上》记载,孟子生活的齐国都城临淄(今山东淄博)附近的牛山,就遭遇了从植被茂盛到濯濯童山的过程。孟子慨叹说,牛山之树本来长得很好,但因为牛山在齐国都城的郊外,人们每天都拿斧头去砍伐树木,这样的话山林还能美好吗?牛山的树木本来也能日夜生长,在雨露的滋润下,并非没有萌芽的枝条,但是刚刚发出一点芽,放牧的人就放任牛羊去吃掉它,结果牛山变成光秃秃的样子。人们见到它光秃无物,便以为牛山从来不会生长树木,这难道就是牛山之本性吗?孟子以牛山的森林作比喻,实际上是告诫人们,保护牛山树木与保护自我善心的道理是相通的,杜绝肆意的斧子砍伐,防止肆意的放牧啃食,牛山才能够变得更美好。这也是孟子自然保护思想的一个重要体现。

管子以法治林

管子(前723~前645)名仲,春秋时期法家代表人物,曾担任齐国相,在任内辅佐齐桓公,大兴改革,富国强兵,使齐国成为春秋五霸之首。管子及其代表的法家学派的思想,集中体现于《管子》一书,这本书篇幅宏伟,内容复杂,思想丰富,包含了哲学、政治、经济、军事、法律以及农林等方面的理论和学说,其中关于林业政策、林业经济管理的思想中不乏真知灼见。

首先，管子将林业生产视为强国富民的重要途径。

管子把富民放在治国理政的首位，"凡治国之道，必先富民。民富则易治也，民贫则难治也"，并将农林生产视为富民的最重要手段，"辟田畴、制坛宅、修树艺、劝士民、勉稼穑、修墙屋，此谓厚其生"。他指出，林业生产对于国家富强作用重大，提出了著名的树木、树人论断："一年之计，莫如树谷；十年之计，莫如树木；终身之计，莫如树人。一树一获者，谷也；一树十获者，木也；一树百获者，人也。"在管子看来，林业与农业、教育一样重要。只有把教育、农业和林业搞好了，才能达到国安、食足和民富的目的。他认为，"务五谷，则食足。养桑麻育六畜，则民富"，把养桑麻（即发展林业）作为实现人民富裕的一项措施，也是达到国家安定的一条根本大计。

其次，管子主张设立专职官员督管农林生产。

管子指出，保护森林等自然资源是执政者的职责所在，"为人君而不能谨守其山林、菹泽、草莱，不可以立为天下王"。《管子·立政》指出王者执政中要有五大注意事项：第一，山泽不能防止火灾，草木不能繁殖成长，国家就会贫穷；第二，沟渠不能全线通畅，堤坝中的水漫溢成灾，国家就会贫穷；第三，田野不发展桑麻，五谷种植没有因地制宜，国家就会贫穷；第四，农家不养六畜，蔬菜瓜果不齐备，国家就会贫穷；第五，工匠追逐刻木镂金，女红追求彩花文饰，国家就会贫穷。所以说，使山泽能够防止火灾，草木繁殖成长，国家就会富足；使沟渠全线通畅，堤坝中的水没有漫溢，国家就会富足；田野发展桑麻，五谷种植能因地制宜，国家就会富足；农家饲养六畜，蔬菜瓜果能齐备，国家就会富足；工匠不刻木镂金，女红也不求纹彩花饰，国家就会富足。对此，管子提出设立专门官员负责推进农林生产：设"虞师""修火宪，敬山泽、林薮、积草，夫财之所出，以时禁发焉"，负责制定防火的法令，戒止山泽林薮之处堆积枯草，对自然资源的出产要按时封禁和开放，以使人民有充足的房屋建筑用材的柴草储备；设"司田"观测地势高下，分辨土质肥瘠，查明土地宜于何种作物的生长，按时做全面安排，使五谷桑麻得以种植；设"乡师"巡行乡里，察看房屋，观察树木、庄稼的生长，视察六畜的状况，并能按时做全面安排，并劝勉百姓努力耕作。

再次，管子主张以法护林，加强森林保护，以时禁发。

针对当时火田、火猎等滥用火而烧毁森林的教训，管子认识到"山林不救于火，草木不殖成，国之贫也"的严重危害，于是极力主张"修火宪"，加强护林防火的立法，"宪既布，有不行宪者，谓之不从令，罪死不赦"，针对违法行为一律严惩不贷。同时，管子借天子的名义论述春、夏、秋、冬的禁令，"天子……发号出令曰：毋聚大众，毋行大火，毋断大木，毋斩大山"，突出强调春、秋干旱季节注意森林防火。对于违背时令、滥伐山林的行为，依法严加惩处，"谨封而为禁，有动封山者，罪死而不赦。有犯令者，左足入，左足断，右足入，右足断"，可见其依法治林主张之严格。对于国家的山林，管子主张"以时禁发"，有节制地开发利用森林资源，"山林虽近，草木虽美，宫室必有度，禁发必有时。是何也？

曰：大木不可独伐也，大木不可独举也，大木不可独运也，大木不可加之薄墙之上。故曰，山林虽广，草木虽美，禁发必有时；国虽充盈，金玉虽多，宫室必有度"。

此外，管子还主张利用树木保持水土。为了对水旱灾害做到有备无患，管子建议齐桓公设"都匠水工"，兴修水利工程，并提出在堤防上"树以荆棘，以固其地，杂之以柏杨，以备决水"。同时，他也主张在城墙上"树以荆棘，上相穑（勾连）著者，所以为固也"。这是关于将植树造林与巩固堤防、水土保持联系起来的较早论述。

总之，以管子为代表的法家学派重视发展林业、积极提倡植树造林、以法治林等思想，对后世产生了重要影响。

三 秦汉时期林业的形成

秦汉时期，统一的中央集权帝国建立，地方设置郡县，中央委派官吏任郡县长官，改变了以前统治权力分散的状况，统治权力集于中央，这种大一统的政治格局对林业发展也产生了一定影响。

秦汉时期，森林资源开发较早的平原地区已经很少有大面积的自然森林，据史料记载，当时关中西部的陇右地区、关中南部的秦岭地区、关中东部黄土高原地区和江南地区森林覆盖率较高。秦汉时期的人类林木利用进一步加剧，后期森林面积已大面积减少，森林生态环境日趋恶化。大规模的移民屯垦，破坏了原本良好的原始生态环境，使边郡生态环境遭到了严重破坏，边郡很多地区由绿洲变成沙漠。另外，战乱不断，损毁森林严重。秦汉时期大兴土木，大量宫殿、苑囿建设用材，以及奢靡的厚葬之风，成为森林毁坏的主要原因。

针对这种状况，皇朝统治者也开始重视保护植被资源与自然环境，对农林生产的重视程度越来越高，并在政府机构中设

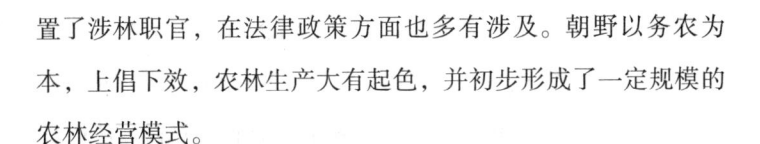

置了涉林职官，在法律政策方面也多有涉及。朝野以务农为本，上倡下效，农林生产大有起色，并初步形成了一定规模的农林经营模式。

1 宫室棺椁，林木之蠹

秦汉时期，随着统一王朝的建立和中央集权的加强，社会稳定，疆域扩大，在这种社会背景之下，人口增殖，技术进步，郡县设立，城镇增加，以及皇家宫殿苑囿陵墓的修建，使木材消耗量、采伐量不断增加；加上农业区不断扩大，与林争地，因而这一时期森林资源急剧减少。其中，宫室建筑和丧葬用材是造成木材大量消耗的重要原因。

宫室建筑方面，秦汉时期大规模皇室宫殿苑囿的兴建，造成了大量森林资源的浪费。春秋战国时期，由于连年战争，森林遭到了一定的破坏，到秦始皇统一六国后，中原一带的平原森林已基本消失。秦代大兴土木，建造大量宫殿、苑囿，当时中原地区已经没有可堪大梁的木材，巨树良材皆取之于崤山、中条山等地，甚至远到四川地区采伐。

秦代最大规模的宫殿建设，就是阿房宫的兴建。据《史记·秦始皇本纪》记载，秦始皇三十五年（前212）"乃营作朝宫渭南上林苑中，先作前殿阿房，东西五百步，南北五十丈，上可坐万人，下可以建五丈旗"，"隐宫徒刑者七十余万人"，"乃写蜀、荆地材皆至。关中计宫三百，关外四百余"。如此大规模的宫室营造，使陕西、湖南、湖北、四川等地的森林资源遭到巨大破坏。《阿房宫赋》载:"六王毕,四海一,蜀山兀,阿房出",形象地揭示了当时因建造阿房宫而造成的林木大量使用,致使整个地区的森林被砍伐殆尽。

到了汉代,随着社会发展和国家财富的积累,奢靡之风开始盛行,宫殿兴建开始增多。西汉景帝时期梁孝王刘武兴建东苑,宫观相连,绵延数十里。其后,更大规模的宫苑兴建,是汉武帝时期上林苑的建设。据《汉书·东方朔传》记载:汉武帝建元三年(前138),在今三桥镇以南、终南山以北、周至以东、曲江池以西的范围内,扩建上林苑,形成北至渭河北,东过浐、灞以东,南依秦岭,地跨蓝田、长安、户县、周至、兴平五个县(市)和西安、咸阳的两个市区,实际面积约为2460平方公里的宏伟皇家园林。其中宫殿林立,司马相如《上林赋》描述:离宫别馆,遍布山谷,高大的回廊四周环绕,多层楼阁弯曲迂回。雕花的房椽、镶玉的瓦当,宽度可容辇车的阁道,环绕的长廊不见尽头,途中需住宿休息。铲平高山山顶修筑厅堂,楼台层层累叠,内室幽深,从上向山下望去深不可见,向上攀摸房椽可以摸到天。流星从宫中的小门内闪过,弯弯的彩虹横架在窗外的栏杆上。上林苑离宫约七十所,数量众多、规模恢宏,而这些都是建立在大量森林资源消耗的基础之上。

自先秦开始,厚葬之风就盛行,《墨子·节葬》就记述了当时厚葬的状况:"王公大人有丧者,曰棺椁必重,葬埋必厚","必大棺、中棺,革阓三操"。其倡导前代圣王"棺三寸，足以朽体"的俭葬之法。到了汉代，厚葬之风依然盛行，而作为丧葬用具的棺木，主要用料是木材。因此，厚葬意味着大量树木的砍伐和木材的损耗。例如《后汉书·光武十王列传》记载，东汉中山简王刘焉死后，窦太后等为其大修冢茔，"发常山、钜鹿、涿郡柏黄肠杂木，三郡不能备，复调余州郡工徒及送致者数千人"。

在厚葬与棺椁使用方面，汉代的"黄肠题凑"葬制，属于突出的大量消耗木材的不良习俗，其造成以柏木为主的林木资源的大量砍伐与浪费。黄肠题凑是流行于秦汉时期的一种特殊葬制，最初称为题凑，到西汉中期才出现"黄肠题凑"之名称，最初见于《汉书·霍光传》，霍光死后，皇帝及皇太后亲临吊唁，并赐给霍光"黄肠题凑各一具，枞木外臧椁十五具"，颜师古注引三国时魏人苏林所言"以柏木黄心致累棺外，故曰黄肠，木头皆内向，故曰题凑"。也就是说，黄肠是指墓葬的材料和颜色（柏木黄心），题凑是指墓葬的形式和结构（木头皆内向），即黄肠题凑是设在棺椁以外的一种木结构，它是由黄色的柏木心堆垒而成。黄肠题凑葬制和玉衣、梓宫、便房、外藏椁等，构成了汉代帝王的专用葬制，而其他的皇亲国戚及高官大臣只有经过天子的特赐才可享用，据《汉旧仪》记载，汉武帝"坟高二十丈，明中高一丈七尺，四周二丈，用梓棺黄肠题凑"。黄肠题凑葬制，一方面可以体现墓主人的身份和地位，另一方面有利于保护棺木，使之不受损坏。

黄肠题凑是汉代厚葬之风的产物，现今考古发现的有北京大葆台西汉墓、石景山区老山汉墓以及江苏高邮汉墓等。这些

黄肠题凑

汉代墓葬都使用采自深山穷谷中的名贵木材楠木、柏木和梓木，装饰精致，制造考究，耗资巨大，如北京大葆台西汉墓的黄肠题凑，使用的黄心柏木竟然多达15880根，消耗木材达600立方米。黄肠题凑葬制是皇朝统治者为了满足自身奢侈生活需要的表现，但给森林资源、生态环境和社会生产生活带来严重危害。针对这种奢侈风气，汉代一些开明帝王也曾有过专门的诏令予以制止，例如汉文帝遗诏反对厚葬，认为"厚葬以破业，重服以伤生"，以身作则要求丧葬从简，"霸陵山川因其故，无有所改"。最终，这种奢华的葬制到东汉初年，由于光武帝、明帝、章帝的一系列诏书所倡导的"简葬"的作用，最终废止。

2 林业职官与法令

秦汉时期，中央集权加强，郡县制广泛推行，较夏商周时期的政治体制有了全面的变革。因此，周代以来掌管林务的山虞、林衡等职官取消，出现了以少府为代表的新的林业管理职官，负责管理和保护山林资源，掌时禁、促繁衍、管开发、捕违法。秦汉时期主要的涉林职官包括少府、上林苑令和将作大匠。

少府 少府始于战国，秦汉相沿，位列九卿之一，据《汉书·百官公卿表》记载，"掌山海池泽之税，以给共养，有六丞"，少府执掌山林川泽收入和皇室手工业制造，山林川泽包括山林、草原、沼泽地、江湖河海水面及其出产的各种矿产、林木、特产、盐、水产的税收，还包括山林政令、木材采伐、植树造林等林业活动。少府为皇室服务，所收入的财富全部供给皇室使用，"山川园池市肆租税之入，自天子以至封君汤沐邑，皆各为私奉养，不领于天子之经费"。

上林苑令 上林苑令在东汉时设立，《历代职官表》记载"后汉罢水衡都尉之官，置上林苑令，属之司农"。《后汉书·百官志》在"少府"条下记载"上林苑令一人，六百石。主苑中禽兽。颇有民居，皆主之。捕得其兽送太官"，可见上林苑令的主要职责就是管理苑中的鸟兽和草木，下辖上林苑丞、上林苑尉等职官。

将作大匠 秦代在少府下置将作少府，负责建造、修缮等事务。汉景帝时把将作少府改称为将作大匠。据《后汉书·百官志》记载，"将作大匠一人，二千石，掌修作宗庙，路寝宫室，陵园木土之工，并树桐梓之类，列于道侧"，可见将作大匠的主要职责是土木工程的修建，同时负责树木种植和皇宫、宗庙、寝宫、陵园的林木养护事务，集森林培育和木材加工利用职能于一身。

除了林业职官的设置外，秦汉时期皇朝统治者还通过制定法律和颁布诏令，从国家大政方针的层面，保护农林资源，鼓励农林生产。

涉林法律方面，湖北云梦睡虎地秦墓出土的《睡虎地秦简》中的《秦律十八种·田律》，内容涉及农田水利、山林保护等方面，《田律》中明确规定：春天二月，不准砍伐材木山林及筑堤堵塞水道。不到夏季，不准燔烧野草为灰烬，获取刚发芽的植物、幼兽、鸟卵、幼鸟，不准毒杀鱼鳖，设置陷阱网具捕鸟兽，到七月才放松禁令。只有不幸死亡需要伐木制造棺椁的，不受时节限制。城邑靠近牲畜栏棚其他禁苑的，禽兽幼小时不准携带猎犬去狩猎。汉承秦制，湖北江陵张家山汉墓出土的竹简《二年律令·田律》中，对于《礼记·月令》《秦律十八种·田律》关于农林资源及动植物保护的内容和思想有一定的承袭，规定：众平民、官员、刑徒、奴隶，春夏时节不准砍伐材木山林，以及筑堤壅堵水泉，焚烧野草为灰烬，猎取幼兽、鸟卵、幼鸟；不准捕杀怀孕将产的野兽，不准用毒药捕鱼。不准在戊巳日兴办土木工程。秦律、汉律中关于保护农林资源的法令，属于中国古代较早的林业法制范畴，略显粗糙、原始，多是就具体问题进行规定。但其重视农林资源、明确以法律形式进行强制性规定并推行，体现了政府与社会对自然资源的重视。

涉林诏令方面，主要集中于两汉时期，其中以实行黄老之政、休养生息政策的西汉初年最为典型，汉文帝、汉景帝都有诏书鼓励百姓从事农林生产，鼓励种植桑树、果树等经济林木。例如《汉书·文帝纪》记载，汉文帝前元十二年（前168）下诏说：引导人民的途径，在于抓住农业这个根本。皇帝亲自耕作以劝勉农耕，至今已经十年，而田野不曾充分开垦，每逢年景不好，百姓就处于饥饿状态，这是因为从事农业的人尚不足，而各地官吏未能认真重视农业。皇帝多次下诏，每年劝百姓多植树，而功效甚微，这也是地方官吏执行皇帝的诏令不认真，对百姓的宣传动员更没有明确的措施所致。汉景帝后元三年（前141）春正月下诏说：农业，是天下的根本。黄金珠玉，饥饿不能食用，寒冷不能蔽体，以其作为货币使用，不能看到它的最终结局。间或有年头不丰登，猜测原因是从事工商业者多，从事农业的人少。可以命令郡国官员切实劝导农桑生产，多种树，可以获得衣服和食物。汉宣帝有"其令三辅毋得以春夏摘巢探卵，弹射飞鸟。具为令"的诏令，禁止百姓春季捕鸟。东汉章帝在诏书中援引《礼记》中"人君伐一草木不时，谓之不孝"的言论，令侍御史、司空"方春，所过无得有所伐杀。车可以引避，引避之；骈马可辍解，辍解之"，避免出行中对草木植被的损坏。

秦汉时期的林业职官与法令，其最终目的是为皇朝服务，职官还不具备专业性，法令也不具备系统性，因而对于森林资源的破坏还未形成强有力的制约能力。然而，用历史的眼光观察,其对于农林资源的保护以及生产的发展,还是起到了一定程度上的推动作用,对后世林业职官与法令也产生了积极的影响。

3 倚林而富的"素封"者

"素封"指无官爵封邑而富比封君的人。其称谓源于《史记·货殖列传》:"今有无秩禄之奉,爵邑之入,而乐与之比者,命曰'素封'。"根据张守节《史记正义》解释,那些没有官爵封邑的人,能够凭借田地园林等自然资源的回报,获得与有官爵封邑的贵族官员相匹敌的收益,因此被称为素封。其中,倚靠经济林培育而发家致富、堪比王侯的人,在秦汉时期为数不少。

《史记》作为中国历史上第一部纪传体通史,记载上起三皇五帝、下至西汉武帝时期的历史,体例完备,内容丰富,囊括社会万象,其中不乏关于林业发展的相关记载,《货殖列传》中就有相关例证。"货殖"指利用货物的生产与交换,进行商业活动,从中生财求利。司马迁所指的"货殖",还包括手工业及农、林、牧、渔、矿山、冶炼等行业的经营在内。其中,《货殖列传》记载了不少秦汉时期人工经营用材林、经济林的生产活动,并依据自然生产物的不同类型将全国划分为山西、山东、龙门碣石北与江南四大区域,记述了这些区域的农林作物栽植与分布情况,反映了秦汉时期林业生产分布的广泛性和多样性。

三 秦汉时期林业的形成

在《货殖列传》中，司马迁详细介绍了当时社会依靠森林和动植物资源致富的渠道，即通过经营用材林、经济林、木材加工、动植物培育等，可以获得巨额财富。陆地牧马五十匹，牛一百六十七头，羊二百五十只，水泽中有二百五十头猪，水中有可养千石鱼的池塘，山上有千棵成材的树木。在安邑有千棵枣树；燕地、秦地有千棵栗树；在蜀地、汉水、江陵有千棵橘树；在淮北、常山以南，黄河、济水之间有千棵楸树；在陈地、夏地有千亩漆树；在齐地、鲁地有千亩桑麻田；在渭川有千亩竹林；以及在著名都会万家之城，有千亩亩产一钟的田地，或千亩卮子、茜草，千畦生姜、韭菜；拥有这些的人都可以与千户侯相等；交通便利的大城市，酒一年卖出千瓮，醋和酱千缸，饮料千甒，屠宰牛羊猪千头，贩运谷物卖出千钟，柴薪千车，造船总计千丈，木材千章，竹竿上万，轺车百乘，牛车千辆，涂漆的木器千枚，铜器千钧，未涂漆雕饰的白木器皿、铁器、卮子、茜草千石，马二百匹，牛二百五十头，羊猪两千只，奴婢百人，筋角、丹沙千斤，帛、絮、细布千钧，华美的纺织品千匹，粗布、皮革千石，漆千斗，酿酒的曲、盐、豆豉千答，鲭鱼、刀鱼千斤，小鱼千石，干鱼千钧，枣、栗三千石，狐、貂裘皮千张，羔羊皮千石，毡席千具，其他果品蔬菜千钟……这样的经营规模也堪比千乘之家。这类靠农林生产、经营、贸易而富比王侯的人，即是被司马迁称为"素封"者中的一部分。

可见，在园圃制的发展中，汉代是经营用材林和经济林的黄金时期之一，出现了以林业经营为主的园圃。倚林而富的"素封"者的出现，反映出秦汉时期林业生产经营的大发展，以及林业生产带来的重要经济价值和社会价值。

4 汉赋中的森林

汉赋是汉代流行的一种文学体裁，其从《楚辞》发展而来，并吸取了荀子《赋篇》的体制和纵横家的铺张手法。汉赋在公元前2世纪到公元3世纪初的400余年间，曾经是文学的强大流派。汉赋有小赋和大赋两种，小赋多为抒情作品，大赋多写宫观园苑之盛和帝王穷奢极欲的生活，绮靡富丽，为当时统治者所喜爱。汉代人的赋作，对于汉代文化宏大华美气象的形成，曾有显著的影响。其中，山光水色、密林芳草，是汉赋作家特别乐于描绘的对象，这些对于山林的渲染赞美，也同样记录了汉代的森林概貌。

孔臧的《杨柳赋》，被称为千古咏柳第一篇，以铺陈的手法，真实地展现了杨柳自然美的风姿。全赋开篇直接称赞杨柳的"结草早知春"的节候特征和繁茂可避烈日的作用；接下来多面展现杨柳自然美的风姿，以及它构造的"蒙笼交错，应风悲吟；鸣鹄集聚，百变其音"的佳境。第二段巧用南北对举、东西对照，凸显杨柳四布成林的特质，呈现出柳树顽强的生命力，渲染了柳树能使大地成荫、园林增色、屋宇生辉等美化环境的作用。第三段将自然美景同生活乐趣相融合，从而揭示出利用自然美来增添和丰富生活美。屋旁四周，遍植杨柳，清凉安宁，自得其乐。

司马相如的《上林赋》中，刻画了西汉武帝时期上林苑恢宏巨丽的景色。上林苑经汉武帝时期大规模扩建，跨度三百里，离宫七十所，苑中广植花木，景观处处皆是，且圈养珍禽异兽，供皇帝秋冬猎取。《上林赋》描绘了上林苑中庞杂的水系河道、丰饶的渔产禽类、巍峨连绵的群山密林、众多种类的野生动物、丰富的林产植物资源。"于是乎卢橘夏熟，黄甘橙楱，枇杷橪柿，亭奈厚朴，梬枣杨梅，樱桃蒲陶，隐夫薁棣，答沓离支，罗乎后宫，列乎北园。崔丘陵，下平原，扬翠叶，扤紫茎，发红华，垂朱荣，煌煌扈扈，照曜钜野。沙棠栎槠，华枫枰栌，留落胥邪，仁频并闾，欂檀木兰，豫章女贞，长千仞，大连抱，夸条直畅，实叶葰楙，攒立丛倚，连卷欐佹，崔错癹骫，坑衡閜砢，垂条扶疏，落英幡纚，纷溶箾蔘，猗狔从风，藰莅卉歙，盖象金石之声，管籥之音。柴池茈虒，旋还乎后宫，杂袭累辑，被山缘谷，循阪下隰，视之无端，究之无穷"。

扬雄的《蜀都赋》中，描绘了秦汉时期成都地区的壮美山川、富饶物产。《蜀都赋》中列出了众多蜀都出产的树木花草、鸟兽虫鱼、五谷蔬果，例如对树木和竹子的描写，种类繁多、场面宏大："于木则梗栎豫章树榜，檐栌樿枏，青稚雕梓，枌梧橿枥，楢木楔，枒信楩丛，俊干凑集"，"其竹则钟龙，野筱纷邑，宗生族攒，俊茂丰美，洪溶忿苇，纷扬搔翕，与风披拖，夹江缘山，寻卒而起，结根才业，填衍迥野，若此者方乎数十百里"。

班固的《西都赋》中，叙述了长安形势险要、物产富庶、宫廷华丽等情况，包括汉代长安地区的地理概貌、山水脉络、自然资源、皇家园囿、农业概况、林产种类、野生动物分布等，其中有大量关于森林资源的记载："其阳则崇山隐天，幽林穹谷，陆海珍藏，蓝田美玉。商、洛缘其隈，鄠、杜滨其足，源泉灌注，陂池交属。竹林果园，芳草甘木，郊野之富，号为近蜀。"

张衡的《东京赋》中，对东汉都城洛阳进行了描述与歌颂，描写了宫殿、飞阁、楼榭、湖苑的壮丽宏伟，以及丰饶物产、奇树异果，"芙蓉覆水，秋兰被涯""修竹冬青""奇树珍果"，渲染出极尽奢华艳绝、栩栩如生的图景。张衡另一篇脍炙人口的《南都赋》，描写的则是其家乡南阳的壮美山川，包括崇山峻岭、青山绿水、宜人景色、珍宝矿藏、葱茏树木、特色林产、走兽飞鸟、禽兽鸟鱼、瓜芋菜蔬、山果香草、美丽园圃等，其中有诸多关于森林资源的记述："其木则柽松楔稷，楩柏杻橿，枫柙枰栌，帝女之桑，楈枒栟榈，柍柘檍檀。结根竦本，垂条蝉媛。布绿叶之萋萋，敷华蕊之蓑蓑。玄云合而重阴，谷风起而增哀。攒立丛骈，青冥盱瞑。杳蔼蓊郁于谷底，森萆萆而刺天"，"其竹则籦笼𥳭簩，篠簳箛箠。缘延岯阪，澶漫陆离。阿那蓊茸，风靡云披"，"其原野则有桑漆麻苎，菽麦稷黍。百谷蕃庑，翼翼与与。若其园圃，则有蓼蕺蘘荷，藷蔗姜蟠，菥蓂芋瓜。乃有樱梅山柿，侯桃梨栗，樗枣若留，穰橙邓橘。其香草则有薜荔蕙若，薇芜荪苌。晻暧蓊蔚，含芬吐芳"。

以上是部分具有典型代表性的汉赋大家之作，都是成就很高的文学作品。在欣赏其文学成就的同时，也可以窥见其对于

上林苑驯兽图（部分）（西汉砖质彩绘，美国波士顿艺术博物馆藏）

汉代长安地区、洛阳地区、成都地区、南阳地区的山川、森林、野生动植物分布的大量记述。虽然汉赋之中掺入了不少文学夸张与渲染的成分，但仍可以从中了解到两汉时期森林分布和自然环境的概貌，以及汉代林业经济与文化的特点，对于研究汉代林业发展与生态环境变迁，具有重要的参考价值。

四　魏晋南北朝时期林业的自觉

魏晋南北朝（220~589）是中国历史上政权更迭最频繁的时期。虽然社会持续动荡，但民族交流广泛，农业开发范围不断扩大，南方经济获得长足发展。这一时期林业领域出现了一些新气象，如专门的林业文献典籍的出现，私家庄园与均田制推动下林业生产的大发展，林业保护法令的出台和细化等。尤其是《竹谱》《魏王花木志》等专门林业文献的出现，反映了该时期林业生产知识的进步和林木培育管理技术的提高。

1　世界上第一本竹类专著：戴凯之《竹谱》

戴凯之的《竹谱》是我国第一部植物谱录专著，该书首次对我国竹类资源进行了系统的总结。戴凯之，生平事迹不详。后世流传的《竹谱》及相关史志中多数记载他为晋人。《南齐书》中记载有一个"南康相戴凯之"，这个人曾跟随刘子勋作乱，后被宋明帝镇压。胡立初等学者根据相关记载，以及《竹谱》中三次提及南康区域地名等信息，认为这个南朝宋明帝时期的戴凯之就是《竹谱》的作者。

《竹谱》全书五千余字，大致可以分为两部分，前一部分是绪论，用一段简短的叙述，将竹的性状、分类、分布、生长环境、开花生理及寿命做了概括性的介绍；后一部分是分论，详细记述了各种竹的名称、性状特征、产地和用途。《四库全书总目提要》说："其书以四言韵语，记竹之种类，而自为之注，文皆古雅。"即全书以四字韵文为纲，典型地体现了魏晋南北朝时期的语言文字特点，再以散文形式逐条进行了解释。该书开头对竹类的总特点进行概括，指出竹"不刚不柔，非草非木"，肯定竹是植物界里不同于草、木的一个独立的大类，"竹是一族之总名，一形之遍称也"，"植物之中有草、木、竹，犹动物之中有鱼、鸟、兽也"，并指出竹"大同节目"，茎秆"分节"和"空心"是所有竹的共同特点。书中还提及竹类分布具有明显的地域性，由于生长受气候等原因影响，"九河鲜育，五岭实繁"，指出黄河以北竹类很少，南方的竹类却很茂盛，科学性地发现了淮河、秦岭这一条竹类生物分界线。此外，书中还提到竹有六十年开花枯死，而又自然复新的现象。《竹谱》涉及竹类资源的分布、竹子文化以及竹子的利用等多方面知识，比如竹子可以做笠、船等日常生活用具，也可以用来制作笙、箫、笛等乐器，反映了竹类与人类生活的密切关系，一定程度上展现了魏晋南北朝时期南方人民对竹类植物资源开发和利用的状况。

戴凯之的《竹谱》是世界上最早的一本竹类专著，对后

《竹谱》书影

世产生了深远的影响。后来问世的如宋代释赞宁的《笋谱》、元代刘美之的《续竹谱》、李衎的《竹谱详录》、清代陈鼎的《竹谱》等，无不深受其影响。

2 均田制与劝课农桑

中国古代统治者为了维护政权,都比较重视农业经济发展,他们认识到了山林之利,积极鼓励种植桑、果等经济作物。汉末战乱,民生凋敝,曹魏政权通过屯田,迁徙边境农民到司、冀、雍州等心腹地区等一系列措施实现了农业生产的复苏,而诸如植树造林等有利于林业发展的政策也得以一并实行。西晋后期发生八王之乱、永嘉之乱,北方农业遭受空前破坏,灾疫频发,资源严重匮乏,所以前秦苻坚为了巩固统治,发展农业生产,开山泽之利,鼓励种植桑柘,间接地促进了林业的发展。这一时期最著名的涉及林业发展的政策,莫过于自北魏开始实行的均田制。

魏晋南北朝时期,北方地区长期处于游牧民族政权统治之下,游牧民族常常随水草放牧,变农田为牧场,对占领区域大肆劫掠,百姓四处逃散,导致华北大片农地因无人耕种而荒芜。北魏拓跋政权统治时期,吸取教训,安顿百姓,实行均田,奖励耕种。北魏太和九年(485),孝文帝根据汉人李安世的建议,颁布均田令。北魏均田制规定:凡是15岁以上的男子,每人授给种植谷物的露田40亩,女子20亩,死亡后由政府收回改授给他人。初受田者,男子每人另授桑田20亩,限3年内种上规定的桑、枣、榆等树木;桑田可作为世业田,终身不用归还,可以世袭,但限制买卖。在不适宜种植树木的地区,男子每人另授麻田10亩,女子5亩,奴婢同样受田,按露田法还受。新定居的民户还可分到少量的宅田,每3口一亩,奴婢5口一亩,宅田也属世业。东魏、西魏分裂之后,北齐政权在河清三年(564)又重新颁布了均田令:每名男子授给露田80亩,女子40亩。每人另外给20亩桑田作为永业田,其中规定种桑树50根、榆树3根、枣树5根;不适宜种植树木的地方,按照桑田法授给相应的麻田。在均田制的实施中,桑麻田的分配有助于桑麻的栽植以及榆、枣等果树的种植。伴随着均田令的持续推行,以及不间断的鼓励农桑政策,林业获得了长足的发展,种植果树和用材林的生产行为渐渐流行,规模渐渐扩大,蔬果林木生产技术得到很大提高。仅从北魏贾思勰的《齐民要术》记载来看,当时种植的果树就有枣、桃、樱桃、葡萄、李、梅、杏、栗、榛、柰、林檎、柿、安石榴、木瓜等,而用材树木则有桑、柘、榆、白杨、棠、楮槐、柳、梓、梧、柞、竹等。在树木栽培技术方面,有性繁殖的播种和栽植,及无性繁殖的插条、埋条、压条、嫁接等方法,在《齐民要术》中都有记载。

3 中国最早的园艺专著:《魏王花木志》

魏晋南北朝时期,战乱不断,思想文化领域却异常活跃,两汉鼎盛的儒家思想逐渐瓦解,法家、道家思想得以广泛传播,玄学盛行,佛学兴起并产生广泛的影响。不断建立的大小政权,都在自己的都城建造园囿宫殿,出现了像华林园这样的皇家园林。社会上奉行闲散的生活,士大夫们都向往自然,热衷于隐居山林，过一种闲云野鹤的生活，很多人开凿私家园林，种植花木、蓄养动物以自娱。而佛教的渐渐兴起，直接带动寺庙园林的兴起。无论是宫廷园囿、私家庄园，还是寺庙园林，多用花木点缀，所以花木、果木、竹类培植已经成为重要的行业。正是基于园林建造、花木园艺等行业的发展，才产生了相关的花木专著——《魏王花木志》。

这本书最早见于北魏贾思勰的《齐民要术》，后世史志、书目中均未见记载，估计其书诞生不久即已亡佚了。《太平御览》《六家诗名物疏》《本草纲目》征引书目中虽有此书，但均未著录全书。《魏王花木志》现存两种版本，一种是元末明初陶宗仪编纂的《说郛》本，另一种是清代虫天子辑《香艳丛书》本。关于具体内容，农史学者王毓瑚认为《魏王花木志》是我国古代第一部关于花木的专著。日本学者天野元之助在其著作《中国古农书考》中说："简述了如下十六种花木：思惟、紫菜、木莲、山茶、溪荪、朱槿、莼根、孟良菜、牡桂、黄辛、紫藤花、郁树、卢橘、楮子、石南、茶叶。此书象（像）是摘抄本。"但实际上现存《说郛》本及《香艳丛书》本均辑有17种花木，天野元之助所参考的日本东研社收藏的《香艳丛书》本《魏王花木志》将"都勾"附于"石南"条后。现存《说郛》本及《香艳丛书》本中均收有"黄辛夷"条："卫公平泉庄有黄辛夷、紫丁香。"卫公是唐代李德裕，他曾经在唐东都洛阳南建平泉别墅，且自己作有《平泉山居草木记》。这条内容无疑是后代学者在重新编辑时掺入了唐代李德裕《平泉山居草木记》的部分内容。这本专著幸有相关辑佚文本方可见其大概。根据其书名来看,应当是南北朝时期某一魏王园囿里花木种植的记载。

虽然该书在后世流传中已经亡佚,但根据现存相关内容还是可以大致推测该书的成书时间和作者。书中有"山茶似海石榴,出桂州"。桂州,即广西桂林,南朝梁天监六年(507)始设桂州,据此确知该书成书当在507年之后。而北魏贾思勰著《齐民要术》(大概成书于北魏末年533~534年),其书卷10征引《魏王花木志》中"君迁"一条。据此大致推断《魏王花木志》成书应在公元507~533年。

该书作者历代未见著录,王毓瑚在《中国农学书录》中提出:"又以《北史》魏广陵王欣(元欣)好营产业,多所树艺,京师名果多出其园,时代适相符合,因而也许就是这里所说的魏王。"但是北魏定都洛阳,处于黄河流域,且也一直没有统一中国,而现存其书中所辑录的多是江淮吴越甚至东南沿海地区的花木资料,所以王氏之推论尚待重新考证。

4 形式多样的森林保护政策

魏晋南北朝时期,政局动荡不安,自然灾害频繁发生,社会生活极不稳定,各政权积极制定多项政策和措施稳固统治和繁荣经济,而森林保护首次被统治者列入重要林业政策内容。形式多样的森林保护政策频繁出现于这一时期帝王的诏令、朝廷的决策中,这些政令的推行,对该时期区域生态环境保护起到了一定的积极作用。

四 魏晋南北朝时期林业的自觉

自汉末连年战乱，森林损毁严重，林木资源渐趋稀少，这一时期各政权统治者的政令中多有保护各区域森林资源的内容。有的是保护经济林木，如《通典》中记载有魏武帝时期的林业保护军令，"军行不得斫伐田中五果、桑、柘、棘、麦"。魏文帝开始设置禁山，并采取征收重税的方式控制民众利用林产品，以赋税保护山林的方式由此而出。魏明帝即位后，曾下诏保护汉代帝王的陵墓及其植被，要求在汉高祖和光武帝陵墓四面百步之内，老百姓不能耕作、放牧、砍树。南朝梁武帝统治时期，由于过度利用造成了大量森林被破坏，因而下达了禁伐诏令："复公私传、屯、邸、冶，爰至僧尼，当其地界，止应依限守视。乃至广加封固，越界分断。水陆采捕及以樵苏，遂致细民措手无所。凡自今有越界禁断者，禁断之身，皆以军法从事。若是公家创内，止不得辄自立屯，与公竞作，以收私利。至百姓樵采以供烟爨者，悉不得禁。及以采捕，亦勿诃问。若不遵承，皆以死罪结正。"对明确的对象做了具体的规定，并对违规行为的处罚做了严格规定；还针对权势家庭，严令必须开放山林，不能阻拦民众利用山林资源。北魏时期制定了皇家陵园保护政策，规定在汉魏晋等诸位皇帝的陵园周围、百步的范围内严禁任何形式的砍伐、樵牧等行为。这些政策规定虽然直接目的是保护前代帝王陵墓，但实际上严格保护了皇陵地区的森林资源。北魏道武帝皇始元年（396）下令："军之所行，不得伤民桑枣。"北齐也曾下诏："诏限仲冬一月燎野，不得他时行火，损昆虫草木。"从诏令的内容可以看出，当时在草原地区也参照林木保护模式实行"时禁"

政策，规定每年只有在冬季有一个月时间可以放火烧荒，其他时间实行火禁，避免影响各种昆虫、草木的生长。这是既保护森林资源又防止山林火灾的重要措施。北周伐齐时，军队进入齐境，下令禁伐树木及残害苗稼，违反者以军法惩处，受到当时百姓的支持。陈世祖在诏书中指出，因历代战乱，无复五株之树，罕见千年之表，并提出保护前代王侯陵墓及其植被，"墓中树木，勿得樵采"。可见，上述诏书中诸种以时采捕、保护动植物的意识，虽以人类为主体，但更多地体现出对生态环境和野生动植物保护的重视，具有朴素的生态保护意识。

除了保护林木之外，还有一些涉及野生动物保护的历史记载和政令也值得我们关注。例如，根据《三国志》记载，魏明帝曹叡自幼心地仁慈，曾经跟随魏文帝打猎，文帝射杀了一头母鹿，要求曹叡射杀幼鹿，曹叡坚决拒绝，并流泪回答：陛下已经杀了它的母亲，我实在不忍心再杀它的儿子了。听了曹叡的话，文帝因此放下弓箭，对曹叡赞赏有加。魏明帝即位以后，曾在太和六年（232）下诏规定："虎狼猛暴，食肉残生，取捕之日，每多伤害，既无所益，损费良多，从今勿复捕贡。"设置禁猎区是为皇家狩猎服务的，但间接地保护了一定范围内的野生动植物。《三国志》中还有关于违反禁猎区规定的处罚政策的记载，"是时，杀禁地鹿者，身死，财产没官，有能觉告者，厚加赏赐。"西晋武帝在位期间，多次严斥贵族、大臣随意杀害动物的行为，为了杜绝王公贵族滥行狩猎之风，曾将进献的雉头裘焚于大殿之前，并"敕内外敢有献奇技异服者，罪之"。宋孝武帝认为地方贡献特产有较大弊端，下诏要求采捕禽兽草木等进贡，应当按照顺应时序原则，有保护地进行采捕："凡寰卫贡职，山渊采捕，皆当详辨产殖，考顺岁时，勿使牵课虚悬，暌忤气序。""水陆捕采，各顺时日"。宋明帝的诏书更明确了这一准则，赞扬了上古圣王在位时对自然资源的保护："古者衡虞置制，蠬蜄不收；川泽产育，登器进御。所以繁阜民财，养遂生德。顷商贩逐末，竞早争新，折未实之果，收豪家之利，笼非膳之翼，为戏童之资。岂所以还风尚本，捐华务实，宜修道布仁，以革斯蠹。自今麟介羽毛，肴核众品，非时月所采，器味所须，可一皆禁断，严为科制。"从诏书的内容可以看出，统治者强调虞衡管理山林的制度，认为应有具体的法规来约束人们随意捕捉、破坏动植物资源的行为，破除不好的玩赏动物的风俗或社会风尚，建立严格的保护制度和处罚制度。北魏明元帝永兴元年（409）敕令："教行虞衡，山泽作材，教行薮牧，养蕃鸟兽。"要求管理山林的虞官要保护好森林资源和养护好动物资源。北魏文成帝看到王公贵戚大量捕捉野生动物以供娱乐，也曾下达了保护虎、豹、狼、狸等野生动物的诏令："朕顺时畋猎，而从官杀获过度，既殚禽兽，乖不合围之义。其敕从官及典围将校，自今以后，不听滥杀。其畋获皮肉，别自颁赉。"严禁任意捕捉野生动物。北齐立国仅27年，但统治者多次下诏保护自然资源。据《北齐书》记载，北齐文宣帝天保八年（557）下诏："诸取虾、蟹、蚬、蛤之类，悉令停断。唯听捕鱼，乙酉，诏公私鹰鹞俱亦禁绝。"北齐后主武平元年（570）下诏："禁网捕鹰鹞及畜养笼放之物。"北齐统治集团发迹于草原，属于游牧民族,他们的思想认识与中原传统文化思想差异很大,但北齐统治期间推行保护森林动植物资源的政策,是和中原汉族政权一脉相承的。北齐武成帝在诏书中提出,鉴于春季是动植物繁衍的季节,因而"断屠杀以顺春令"。北朝帝王诏书中诸种禁杀禁伐以保护动物的规定,更多体现了他们对生命的珍惜和对野生动植物资源的重视。

山西忻州九原岗北朝晚期墓葬壁画狩猎图(局部)

为了保护林木和野生动植物资源,该时期还出台了很多刑律条文,对滥砍滥伐森林和擅自捕杀野生动植物的行为进行惩罚。魏明帝即位后,下令陈群等人删节汉律,制定《魏律》180篇,其中《治民》18篇中就有针对"贼伐树木"的刑律。西晋武帝司马炎在泰始三年(267)完成并于次年颁布实施《晋律》(又称《泰始律》),其中也有禁止破坏陵园草木的内容。东晋和南朝也多次颁布禁止私占山林、滥砍滥伐的法令。晋成帝就曾下诏禁止擅占山泽，违者以强盗律论。但是在那个战乱的时代，许多禁律事实上只是一纸空文，很难改变"富强者兼岭而占，贫弱者薪苏无托"的局面。梁武帝时，见各地森林多有破坏，又下诏令，希望通过实行严厉的制裁来制止滥砍滥伐森林的不法行为。不仅朝廷重视森林保护，一些地方所设立的乡规民约，如"无恃险，无怙乱，无暴邻，无抽屋，无樵采人所植，无谋非德，无犯非义，戮力一心，同恤危难"，也体现了民众自发的、朴素的森林保护意识。

五 隋唐五代时期林业的成熟

隋唐时期，国家实现统一，生产力水平提高，社会经济繁荣，包括林业在内的各项社会事业取得较快发展。这一时期，人工林木培育不断提升，就像王维在《登楼歌》中所描述的，唐都长安城林木成荫，"俯十二兮通衢，绿槐参差兮车马"。由于隋唐五代时期实行农林兼营，农耕地区同时也是人工林区，发展人工林的同时消耗了天然林。可以说，天然林面积持续减少，人工林栽培逐渐增加，是隋唐时期林业发展的明显特点。同时，这一时期森林的消耗，除战争毁林外，还有营建、樵采、择用、拓地等方面原因，其中尤其以土木类营建项目最为突出，包括长安、洛阳等城市的营建、改建，两京宫殿、各地离宫、园苑营建，各地封疆大吏官邸、藩镇宫府以及五代十国宫室的营建等。

1 农林结合的永业田制

隋唐时期，承袭北朝的均田制，继续推行鼓励农林生产的政策。据《隋书·食货志》记载，隋代的均田制在农林种植方面有着明确的规定，"一夫受露田八十亩，妇四十亩"，"又每丁给永业二十亩，为桑田。其中种桑五十根，榆三根，枣五根，不在还受之限"；"每岁春月，各依乡土早晚，课人农桑。自春及秋，男十五已上，皆布田亩。桑蚕之月，妇女十五已上，皆营蚕桑"。

唐朝沿用均田制且无太大变动，其中农桑种植方面也大同小异。据《新唐书·食货志》记载，唐制"授田之制，丁及男年十八以上者，人一顷，其八十亩为口分，二十亩为永业"，"永业之田，树以榆、枣、桑及所宜之木，皆有数"。因此在均田制下，出于发展农林、富民强国的目标，永业田的植树造林活动十分突出。《唐律疏议》中《户婚律·里正授田课农桑》，以法律的形式，详细规定了林木种植数量，"依照《田令》：每户的永业田，每亩督责种植桑树五十株以上，榆树、枣树各十根以上。土质不适宜种桑榆的，听任依照本乡的常规作法"，并严格规范了唐朝均田制下的农林生产活动与各级政府官员职责，"众里正都必须依照《田令》编制簿册全部送县，以及劝导百姓务农栽桑。倘若应该授予田地却不授予，应当归还田地却未收回，应该督促辖区百姓务农耕种却没有督促，应该督责种植桑树、枣树却没有种植，诸如此类违反法令者，失误一件事情，判处答责四十"。上述关于均田制中的农林法令规定，都属于唐代林业政策的重要内容。

至唐中叶，由于社会生产力的提高和商品经济的发展，以及世家豪族势力的发展，土地兼并空前盛行，原来均田制下的国有土地通过各种方式不断地转化为私有土地，政府控制的土地日益稀少，政府已无地授田，这使均田制的实施丧失了最基础的土地资源。同时，由于安史之乱之后的社会动荡，以及唐朝廷为了战争支出和提升财政收入，对均田制下授田的农民增加了赋税的力度，政府的横征暴敛超出了农民的承受能力，农民不堪忍受，最终选择逃亡，或为了躲避赋役而变卖自身土地，投身贵族豪强成为佃农。最终，面对均田制崩溃以及其导致的政府赋役的严重受损，唐德宗接受宰相杨炎的建议，于建中元年（780）废除均田制，实行两税法，持续了300多年的均田制最终退出历史舞台。

隋唐时期，实行均田制的目的，是建立一套限额授受的土地制度，协调社会关系，利于政府对农民的控制，一定程度上起到了恢复和发展农业生产、保证政府赋役来源、强国富民的积极作用。其一，使无地农民获得了部分土地，极大地调动了民众发展农林经济的积极性，土地开垦量和粮食产量不断增加，对农林生产的恢复和发展起到了积极作用；其二，有利于国家赋税的增加和徭役的征派，巩固了国家的赋役制度和国防，为隋唐时期社会稳定和对外战争的胜利，以及中国古代社会鼎盛局面的出现，奠定了充实的物质基础；其三，隋唐均田制下的林业生产，属于典型的农林复合类型，而且是政府以法令的形式进行全面推广，这种强制性的林业政策法令，对于当时林业生产的发展和自然环境的改善，起到了一定的积极作用，在中国古代林业发展史上具有一定的典型性。

2 林业资源保护法令

唐王朝是中国古代社会的大繁荣时期。在民族融合、文化繁荣、均田制推广的背景下,朝廷十分关注包括林业在内的自然资源,并有针对性地颁布了一系列诏书与律令,对保护林业与野生动物资源、保持生态平衡与实现持续发展,起到了重要作用。

第一,帝王诏令方面,据《旧唐书》记载,唐太宗在诏书中认为万物源于自然、含灵禀气,因此自身后事不必过度浪费木材,禁止砍伐古树来制作工艺繁琐的棺椁;唐玄宗在祭祀泰山之际,封泰山神为天齐王,并且下令近山十里禁止采伐,以保护圣山植被;唐武宗在诏书中指出,自己多次下诏劝勉百姓努力植树,但执行力度不够,仍存在肆意砍伐、变卖木炭的情况,因此再次严令地方官员严加稽查禁止。《唐大诏令集》记载,唐玄宗在诏书中要求地方官员严查破坏森林资源、杀害野生动物的行为,对于怀孕的野兽、生长的草木之类,严禁杀伤和采伐,以保护林业与野生动物的正常繁衍。《唐会要》记载,唐代宗曾颁布敕令保护官道旁的树木资源,严惩破坏道旁土地和砍伐官道树木的行为。《全唐文》记载,唐文宗曾敕令保护名山大川的山林植被,明确规定茅山范围之内严禁百姓打猎、采伐以及焚烧山林,并要求地方官员严加稽查。

第二,法律建设方面,唐代沿用均田制,在法律上对农林资源有着明确的保护,《唐律疏议》记载,依照《田令》规定，以每户的永业田作为考核准则，每亩督责种植桑树五十株以上，榆树、枣树五十株以上；有土质不相宜的，听任依照本乡相宜的方法办理。同时，还明确规定了地方官员在农林事务中的具体职责，对于督导不力者将依法予以惩处。

对于盗采盗伐、破坏公私植被资源的行为，唐律有着严格的处罚，据《唐律疏议》，凡是损毁、砍伐园陵内树木的，处徒刑二年半；损毁、砍伐他人墓地树木的，处杖刑一百；对于任意砍伐占有他人经营的山林植被资源者，以盗窃罪论处；对于侵占山、野、陂、湖等出产的自然资源的违法行为，处以杖刑六十；对于擅自食用、毁坏公私田园瓜果者，以及毁坏公私林木、庄稼的，以盗窃罪论处。

对于森林防火，唐律中的规定更加严格，对违法行为的处罚也更为严苛，以杜绝火灾隐患。据《唐律疏议》，对于在皇帝所葬山陵、墓地的处所失火的，判处劳役两年；由此造成火灾蔓延烧毁树木的，处以流刑，流放两千里。对于不遵照时节放火燎烧田野者，杖五十；由此造成火灾蔓延烧毁他人住宅及财物的，处以杖刑八十大板。对于在通行道路上燃火而引发火灾，蔓延烧毁他人树木、房舍屋宅、财物的，或烧死、烧伤人的，比照上面条文所犯之罪减轻一等处罚。

唐代关于林业与野生动植物资源保护的诏令与法律，依靠诏书所代表的无上皇权，以及法律的强制效力，在日常施政中一定程度上得以有效执行，并产生了正面的社会影响，这在文献记载中有明显的案例证明，试举两个真实案例来说明。

玄宗巧禁采捕 据《旧唐书·五行志》，唐玄宗的一纸敕令，曾使诸多鸟兽等野生动物从濒临灭绝的浩劫中得以幸免。唐朝中期，唐中宗之妻韦后和女儿安乐公主崇尚奢华，用珍禽异兽的羽毛来制作奇异服饰。韦后和安乐公主各有一条用百鸟羽毛织成的华丽毛裙，"合百鸟毛，正看为一色，旁看为一色，日中为一色，影中为一色，百鸟之状，并见裙中"；她们又下令地方捕获百兽，取其皮毛做成华丽的马鞍面料，从表面都可以看出原来动物的形态；韦后还又采集鸟类羽毛做成马鞍的面料。韦后和安乐公主的这种奢华行径，在贵族中被广泛效仿，"自安乐公主作毛裙，百官之家多效之。江岭奇禽异兽毛羽，采之殆尽"，给野生动物带来毁灭性的灾难。唐玄宗即位之后，接受贤相姚崇、宋璟的巧妙建议，严惩奢侈浮华的行为，下令将宫中的奇装异服全部查抄并在大殿外烧毁，且禁止贵族百姓穿戴华美秀丽的服饰，这才刹住了滥捕奇鸟异兽等野生动物的奢靡风气，从此"采捕渐息，风教日淳"。

县尉力护官槐 据《全唐文》收录的《批斫槐树牒文》记载，贞元年间（785～804），渭南县尉张造接到朝廷度支使的文书，令其砍伐官道旁的槐树用来制造官车。对此，张造认为官槐历史悠久，属于风景林，且有益于环境，"恭惟此树，其来久远，东西列植，南北成行，辉映秦中，光临关外，不惟用资行者，抑亦曾荫学徒"，针对此类情况应当形成规范性保护，而并非只顾眼前利益大肆采伐。张造以"运斧操斤，情所未忍"为由奏报朝廷，据理力争，最终阻止了砍伐古槐的计划，沿路两旁的槐树得以保存下来。

诚然，唐代的林业保护法令及其实践案例带有一定的时代局限性，将林业视为农业的一部分，没有认识到其生态环境价值，而诸多法令条文也很大程度上停留在主观、粗疏层面，多是对具体案例的就事论事，缺乏系统性。但是，这些林业保护法令属于中国传统文化的组成部分，其中蕴含的关注自然环境、珍视林业资源等内容，对当前社会丰富林业文化、建立林业资源保护法制，仍具有重要的借鉴意义。

3 刘彤的木材专卖思想

山林矿产等自然资源，是人类社会发展的重要前提条件。随着社会的不断进步，人类对自然资源的索取也愈加强烈。自夏商周时期开始，自然资源的所有权就归朝廷所有，"普天之下莫非王土，率土之滨莫非王臣"。同时，尽管朝廷拥有山林矿产资源的所有权，但并非一成不变：一方面，在某些特殊条件下例如遇到灾荒之时，往往会弛禁山林以赈济灾民，允许民间自主开发部分自然资源来充实民生，度过灾荒，两汉魏晋之际帝王诏令中对此类救荒之举屡有提及；另一方面，自然资源虽为朝廷所有，但一定程度上对民间开放。在开矿、冶铁、煮盐、伐木等工商业领域，允许私人经营，但要上交一定数量的税收，这造就了一批由此发迹、富比王侯的商人，例如《史记·货殖列传》中就有诸多此类人物的记载。

唐代初期，盐、铁、山林等自然资源，仍以民间开采冶炼为主，对盐的开采运输并不征税。至玄宗开元元年（713）河中尹姜师度鉴于安邑盐池逐渐干涸，实行开拓水道、设置盐屯，公私大收其利。在这一做法的引领之下，唐朝廷开始探索增加财政收入的途径——专卖。

据《旧唐书·食货志》记载，开元元年（713）十一月五日，左拾遗刘彤向玄宗上奏，希望朝廷能够对盐、铁、木材实行专卖，以增加政府财政收入。他在上疏中指出，西汉武帝时期"廊马三十万，后宫数万人，外讨戎夷，内兴宫室，殚费之甚，实百当今"，而当前朝廷财政支出小但积存财富稀少，原因何在？刘彤认为，原因就是汉代政府从山林川泽获取财富，而当前是从平民百姓手中获取财富。从山林川泽中获取财富，政府获利丰厚而百姓都安于农业生产；从平民百姓手中获取财富，政府获利轻薄而百姓不堪重负纷纷逃离田园。所以前代圣王制定规范，山林河海出产的自然资源都有专门的官员负责管理，山虞林衡负有管理山川森林资源的职责，产品、商品、货币流通和控制物价都有成熟的理论和手段，圈禁和开发都按照合理的时节。这种政策，一能够让百姓安心务农，二能够让国家富足，进一步惠泽百姓。据此，刘彤援引西汉武帝时桑弘羊的理财措施，建议应采取盐、铁、木材的官营专卖政策，用来增加财富、造福民生，"夫煮海为盐，采山铸钱，伐木为室。丰余之辈，寒而无衣，饥而无食，佣赁自资者，穷苦之流也。若能收山海厚利，夺丰余之人，调敛重徭，免穷苦之子，所谓损有余而益不足，帝王之道，可不谓然乎？臣愿陛下诏盐铁木等官收兴利，贸迁于人，则不及数年，府有余储矣。然后下宽贷之令，蠲穷独之徭，可以惠群生，可以柔荒服。虽戎狄、猾夏，尧、汤水旱，无足虞也"。刘彤恳请玄宗能够采纳自己的建议，如果能够实行，既可以惠泽百姓、充实民生，又可以富国强兵、抵御外敌、应对灾害。唐玄宗对刘彤的建议十分重视，下令朝中重臣商议，诸大臣都认为这种专卖措施对国家财政收入有很大作用。据此，唐玄宗颁布命令，"遂令将作大匠姜师度、户部侍郎强循俱摄御史中丞，与诸道按察使检责海内盐铁之课"，在全国范围内进行巡查，为盐、铁、木材的专卖做前期准备工作。开元十年（722），唐玄宗发布诏敕，正式恢复对盐征税制度。到唐肃宗乾元三年（760），经过刘晏改革盐业，对专卖制度进行合理的调整，实行"民制、官收、商运、商销"的办法，盐利收入大增，"天下之赋，盐利过半"，对于充实唐朝廷的财政收入起到了巨大的作用。

刘彤的专卖思想，虽然对自然资源的主要着眼点落在盐业之上，但毕竟也关注到了木材资源。在其关于木材专卖的内容之中，提到了要效仿前代，对朝廷拥有的森林资源，要设立专门的官员负责管理、开采和保护，坚持以时禁发的理念，对自然资源进行科学、有序的开发。同时，从社会发展的角度来看，刘彤关于木材专卖主张的提出，也是相对较早的、特色比较鲜明的，而且更加符合林业行业的发展趋势。

4 陆羽的《茶经》

中国是发现茶的功用最早的国家，茶叶在中国有着悠久的历史。长期以来，人们认为茶有止渴、消食、除痰、利水、明目等功效，就如顾况《茶赋》中所说"滋饭蔬之精素，攻肉食之膻腻，发当暑之清吟，涤通宵之昏寐"。因此对茶叶的享用从南方渐及全国，从民间传入宫廷。由于其既有经济价值，又是文化现象，因而上到帝王贵胄，下到贩夫走卒，都十分喜爱饮茶。茶叶远销海外，蜚声世界，与瓷器、丝绸等一起，成为古代中国对世界的重要贡献。茶文化在中国源远流长，而唐代陆羽及其《茶经》在茶叶发展史上，起到了承前启后的重要作用。

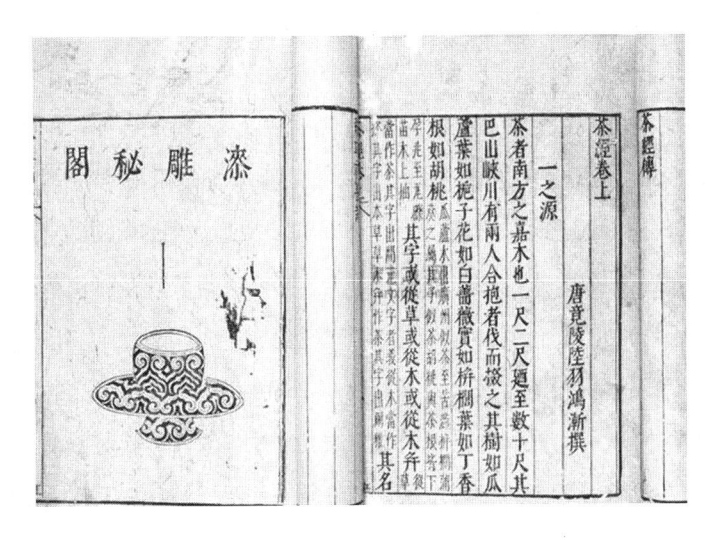

《茶经》书影

陆羽（733～约804）字鸿渐，一名疾，字季疵，号竟陵子、桑苎翁、东冈子，又号"茶山御史"，复州竟陵（今湖北天门）人，唐代著名的茶学专家。他一生嗜茶，精于茶道，长期从事茶叶的调查研究，熟悉茶树栽培、育种和加工技术，并擅长品茗。陆羽自幼好学,性淡泊,不愿为官,上元初年(760~761)隐居江南,撰写了世界上第一部茶叶专著——《茶经》(3卷),因而被誉为"茶仙",尊为"茶圣",祀为"茶神"。

《茶经》为世界上第一部茶叶专著,分上、中、下三卷,共十篇,内容涉及栽茶、采茶、制茶、饮茶等。《茶经》卷上第一篇"一之源"考证茶的形态、茶的名称起源、适宜的土壤、茶地的方位地形、茶的性状与品级差异、饮茶的保健作用等,还提及湖北巴东和四川东南的大茶树分布情况。第二篇"二之具"涉及采茶用具,详细介绍了制茶所需的19种工具的名称、规格和使用方法。第三篇"三之造"介绍茶叶种类和采制方法,指出了依照时令采茶的重要性、采茶方法与工序,提出了适时采茶的理论,还强调了制造饼茶的六道工序:蒸熟、捣碎、入模拍压成形、焙干、穿串、封装,并将饼茶按外形的匀整和色泽不同分为八个等级。卷中"四之器"记载了煮茶、饮茶的器皿,详细介绍了28种煮茶、饮茶用具的名称、形状、用材、规格、制作方法、用途,以及器具对茶汤品质的影响,还论述了各地茶具的好坏及使用规则。卷下第一篇"五之煮"介绍了煮茶法及各地的水质情况,介绍了饼茶茶汤的调制;还着重讲述了烤茶的方法,烤炙、煮茶的燃料,泡茶用水的选择,煮茶的火候掌握,煮沸程度和方法对茶汤色香味的影响,并指出茶汤中显现出的雪白而浓厚的泡沫是其精华所在。卷下第二篇"六之饮"介绍了饮茶风俗和品茶法,包括自上古至唐代以来饮茶风尚的起源、传播和饮茶习俗,以及饮茶的方式方法。卷下第三篇"七之事"汇辑了有关茶的掌故、产地和药效，介绍了唐代以前与茶有关的历史资料、传说、掌故、诗词、杂文、药方等。卷下第四篇"八之出"列举茶叶产地及所产茶叶的优劣，将唐代全国茶叶生产区域划分成八大茶区，每一茶区出产的茶叶按品质分上、中、下、又下四级。卷下第五篇"九之略"指出茶器的使用可因条件而异，不必拘泥。卷下第六篇"十之图"教人将采茶、加工、饮茶的全过程绘在绢素上，悬于茶室，使品茶时可以亲眼领略茶经之始终。

《茶经》是中国乃至世界上现存最早、最完整、最全面介绍茶的第一部专著，被誉为"茶叶百科全书"。因其全面的记载和科学的技术，《茶经》在当时就已被竞相传抄，《新唐书·隐逸传》记载，陆羽著《茶经》后"天下益知饮茶矣"，当时卖茶的人甚至根据陆羽的肖像塑成陶像置于灶上，奉为茶神。《茶经》大大推动了唐以后茶叶的生产和茶文化的传播，"其后尚茶成风，时回纥入朝，始驱马市茶"。《茶经》把茶提升为独立学科，传播了茶业科学知识，促进了茶叶生产的繁荣，它不仅是一部精辟的农林学著作，还是一本阐述茶文化的名著，将普通茶事升格为一种美妙的文化艺能，开辟了中国茶道的先河，系统地推动了中国茶文化的发展。《茶经》内容丰富、技术科学，对后世影响很大，自此之后关于茶叶的专著陆续问世，例如北宋蔡襄的《茶录》、徽宗赵佶的《大观茶论》，明代钱椿年的《茶谱》、张源的《茶录》，清代刘源长的《茶史》等，对《茶经》有着诸多继承和发展。

5 私有庄园中的林业经济

唐代中叶之后,土地兼并日益严重,均田制也随之崩溃,田地开始向地主豪强手中集中,原来朝廷的公有土地开始向世家大族手里集中。在这种趋势之下,豪门大姓往往占据大量土地,构成庄园,就如《册府元龟》所记载"王公百官及富豪之家,比置庄田,恣行吞并,莫惧章程"。庄园之中,包括住宅、耕地、森林、牧地以及其他生产资料,在庄园主的管理之下,由佃农或者农奴从事农、林、牧、渔等生产活动,并形成相对独立的经济实体。

中国古代的私有庄园,在魏晋南北朝时期就曾一度兴盛。唐代拥有私有庄园的富家豪族,比比皆是,文献中有诸多这样的记载。例如武则天的女儿太平公主,其拥有的田庄遍布京师周边,都是上等的田地;唐玄宗时期的宦官高力士,在京师及周边拥有大量池园良田;中兴功臣郭子仪,也是占据黄峰岭到河池关之间的百余里良田。一些官员士人,也往往都有自己的庄园别业,比较有名的例如王维的辋川别业、白居易的洛阳履道里宅园、李德裕的平泉山庄等。这些私有庄园,本身属于风景秀美、森林众多的私家园林;同时,在其经营管理之中,还包括林木种植、林产经济等重要生产活动。

辋川别业

辋川在陕西蓝田西南的尧山间,青山逶迤、峰峦叠嶂,为秦岭北麓一条风光秀丽的川道,由高山俯视下去,川流环凑涟

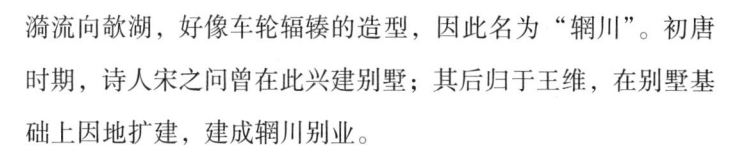

漪流向欹湖，好像车轮辐辏的造型，因此名为"辋川"。初唐时期，诗人宋之问曾在此兴建别墅；其后归于王维，在别墅基础上因地扩建，建成辋川别业。

辋川别业是一个包括自然山水、占地比较大的地主庄园。它营建在拥有山林湖水之胜的天然山谷区，植物和山川泉石彰显了山貌水态林姿之美，加上一系列亭馆屋宇因地而建，使别业成为一个既富自然之趣，又有诗情画意的自然园林。据王维的《辋川集》记载，辋川别业拥有20余处景点，包括孟城坳、华子岗、文杏馆、斤竹岭、鹿柴、木兰柴、茱萸泮、宫槐陌、临湖亭、南垞、欹湖、柳浪、栾家濑、金屑泉、白石滩、北垞、竹里馆、辛夷坞、漆园、椒园等。辋川别业不但拥有自然之美景，而且是适宜农林生产的庄园，其原主人宋之问在诗中曾说，"辋川朝伐木，蓝水暮浇田"，可见这里环境优越、水量充沛、森林丰饶，既可耕田种植，又可伐木牧畜。

王维在辋川别业留下了大量描述辋川自然山水之美的诗篇，但其诗作之中，也不乏诸多描绘庄园之中农林牧渔生产场景的文字，例如"不到东山向一年，归来才及种春田"，"开畦分白水，间柳发红桃"，"草际成棋局，林端据桔槔"，"南园露葵朝折，东谷黄粱夜舂"，"牛羊自归村巷，童稚不识衣冠"，"日日采莲去，洲长多暮归"，"竹喧归浣女，莲动下渔舟"等。从林业学科的角度来看，这些山水田园诗中所记录的辋川别业内的生产场景，除了农田的粮食生产之外，还有漆园、椒园、辛夷园、竹林等处经济林木的生产，以及灌溉、樵采、捕鱼、采莲、畜牧等农林牧渔生产活动。这些恰到好处地体现了私人庄园是一个相对完整的经济体。

辋川别业图（局部）

注：本图选自（清）毕沅《关中胜迹图志》。

履道里宅园

唐代洛阳城内东南方区域的履道坊，最初是散骑常侍杨凭的宅园。长庆四年（824），白居易至洛阳，"买履道宅，价不足，以两马偿之"。太和三年（829）白居易回洛阳履道里，自此一直居住，直至会昌六年（846）75岁时病故于此。这样，白居易晚年家居洛阳十八年，履道里宅园是其一生中家居时间最长之处。

据《旧唐书·白居易传》记载，履道里宅园景色优美，杨凭居住期间，就曾在此大规模兴建，其中有大量竹木林泉池馆。白居易购得此宅园之后，更是不遗余力地进行经营，最终建成其在《〈池上篇〉序》里津津乐道的名园："都城风土水木之胜在东南偏，东南之胜在履道里，里之胜在西北隅，西闬北垣第一第，即白氏叟乐天退老之地。地方十七亩，屋室三之一,水五之一,竹九之一,而岛池桥道间之。"其后白居易不断经营自己的宅园,水面有所扩展,故有"十亩之宅,五亩之园,有水一池,有竹千竿","穿篱绕舍碧逶迤,十亩闲居半是池"之说。他对自己营造的这一洛阳名园颇为自得,在晚年托名的《醉吟先生传》中曾吐露心声:"宦游三十载,将老,退居洛下。所居有池五六亩,竹数千竿,乔木数十株,台榭舟桥,具体而微,先生安焉。"白居易这种悠闲舒适、怡然自乐的园居生活,一直延续到去世。

履道里宅园,经过白居易的苦心经营,风景优美,植物配置独具匠心,各色林木植物纷栽其中。其中,满园翠竹是突出景观,"西溪风生竹森森,南潭萍开水沈沈。丛翠万竿湘岸色,空碧一泊松江心";池周植柳,树茂林深,"高卧闲行自在身,池边六见柳条新";此外,宅院内的乔木还有松、槐、杨、榆等,兼观赏食鲜之趣的果木,有桃、梨、榴、杏等;用于观赏的花草,仅诗文所见就有兰、荷、菱、菊、梅、樱、蕉、桂、木槿、迎春、紫荆、夜合花等;宅第周边的竹篱、树间、壁上,则遍植攀援类藤本植物。由此可见,整个履道里宅园,可谓花木齐备、错落有致、花开四季、景随时移。

履道里宅园内,除了有可供观赏游憩的美景之外,还有一些农林生产活动,白居易《池上篇》中就提到了园中有谷仓"粟廪",有蔬菜园,有采摘菱、莲等活动,也有"妻孥熙熙,鸡犬闲闲"的家畜养殖活动。由此可见,白居易履道里宅园进行的一些农林生产活动,最终目的是满足自身生活的需要,就如《官俸初罢,亲故见忧,以诗谕之》诗中所提到的因病离任之后的生活来源,"囷中残旧谷,可备岁饥恶。园中多新蔬,未至食藜藿",以及《自咏老身示诸家属》诗中所叙述的卸任之后的衣食无忧的生活,"寿及七十五,俸沾五十千。夫妻偕老日,甥侄聚居年。粥美尝新米,袍温换故绵。家居虽濩落,眷属幸团圆"。这些都充分说明,履道里宅园有着因地制宜的农林生产,并且能够为日常生活提供基本的、稳定的产品来源。

平泉山庄

李德裕(787~850)字文饶,晚唐著名政治家、文学家。他历仕宪宗、穆宗、敬宗、文宗四朝,一度入朝为相,但因党争倾轧多次遭到排挤贬斥。李德裕执政能力十分突出,辅佐唐武宗开创会昌中兴的局面,历朝历代对其评价甚高,李商隐在为《会昌一品集》作序时将其誉为"万古良相"。

除了在政治和文学上的成就之外,李德裕在园林建设和花木培育方面,也有着独特的成就与贡献,突出表现在平泉山庄的建造上。平泉位于东都洛阳城南约三十里,为两山之间的空谷地带。李德裕购得后,乃剪荆棘,驱狐狸,前引泉水,潆回疏凿,营亭台楼阁百余所,又得珍木奇石列于庭际,经过多年苦心经营,最终建成规模宏大、方圆十余里的平泉山庄。据《旧唐书·李德裕传》记载:"东都于伊阙南置平泉别墅,清流翠筱,树石幽奇。"

平泉山庄占地广袤,内有大量亭台楼榭、奇花异木、嶙峋奇石,这从李德裕撰写的《会昌一品集》别集卷九的《平泉山居草木记》中可见一斑。该文记述了平泉山庄中各种搜罗的花木的颜色、来历，如金松、琪树、海棠、金荆、勾栗木等近 50 种，从中可以看出唐代私家园林建设之辉煌，园林植物配置之丰富。

从上述几处私人庄园的描述看，唐代的私有庄园已经有了很大的进步，表现在植物品种的增多，农林生产和园林、自然山水的结合，以及向着科学化、庄园美化和经济实用的方向，迈出了重要一步。

6 文人与林业

隋唐时期是中国古代社会的大发展时期，也是文化艺术的大繁荣时期。文人雅士纵览山水、营造雅园，很多事迹与林业建设有着密切联系。杜甫、柳宗元、白居易等名人，都与林业有着不解之缘，留下了很多传承至今的佳话。

杜甫草堂植树

有"诗圣"之称的杜甫，乾元二年（759）为避安史之乱，弃官携家辗转到成都，次年在友人的资助下，于成都浣花溪畔修建茅屋居住，这就是后来闻名于世的"杜甫草堂"。为美化环境，杜甫四处寻购树苗，并在诗中描述寻找苗木的过程："草堂少花今欲栽，不向绿李与黄梅。石笋街中却归去，果园坊里为求来。"从中可以看出杜甫穿街走巷觅求苗木花草的情境。在求得树苗以后，他还亲自栽种，细心管理，直到树木成林，并在诗中写下自己植树的感受："独绕虚斋径，常持小斧柯。幽阴成颇杂，恶木剪还多。枸杞因吾有，鸡栖奈汝何。方知不材者,生长漫婆娑。"可见,杜甫不仅自己购买树苗、植树造林,而且还精心规划、动手培育修剪,俨然是一位技术娴熟的林农。虽然杜甫草堂经历了毁坏,后人重修,但至今其周围仍古木苍翠,浓荫如盖。

杜甫

杜甫草堂

柳宗元柳州植柳

唐宋八大家之一的柳宗元,不仅姓柳,为官柳州,而且痴爱柳树,热心植柳,在林业领域也有着卓越贡献。永贞革新失败之后,元和十年(815),柳宗元被贬任柳州刺史,在任期间积极施行各种兴利除弊的改革措施,其中一项就是植树栽竹,修造园林,美化柳州州治容貌。他带领百姓在柳江西岸大面积栽植柳树,旨在为民造福、惠及民生,有《种柳戏题》诗为证:"柳州柳刺史,种柳柳江边。谈笑为故事,推移成昔年。垂阴当覆地,耸干会参天。好作思人树,惭无惠化传。"

当时柳州城南门外柳江边有一处驿馆，其东有东馆旧址。柳宗元到任后，将东馆"易为堂亭"，并重新改建为以东亭为中心的一组房屋。这是一组具有独特风格的园林建筑，它根据朝向日晒的不同和四季气候的差别，建造了适应一天之中朝、午、夕不同时间和阴、晴、寒、暑不同气候条件居住的五间房屋，并在房屋周围种植了松、柽、桂、柏、竹等树木。此外，在柳州期间，除了栽植柳树之外，柳宗元还亲自栽植了经济林木如柑树，其《柳州城西北隅种柑树》有明确记述："手种黄柑二百株，春来新叶遍城隅。方同楚客怜皇树，不学荆州利木奴。几岁开花闻喷雪，何人摘实见垂珠？若教坐待成林日，滋味还堪养老夫。"这些是柳宗元在柳州期间的又一林业政绩。

　　柳宗元不仅有着亲身的造林实践，而且在森林培育的理论方面也有独特的见解，这从其名篇《种树郭橐驼传》中可窥一斑。《种树郭橐驼传》塑造了一位"病瘘，隆然伏行"的老农，别号"橐驼"。他善于种树，所栽种或者移植的树，无不种得活，栽得好，而且成长快，又茂盛，又早结果实。别人虽然暗中观察他的种树技术，并且模仿，但均告失败。于是有人向他询问原因。他说他并非另有一套绝妙的种树方法，只不过是顺着树木的本性行事。栽树时，要让树木的根得到舒展，下肥要适当，所培的土要同树苗以前的土壤相似；填土要结实。整个栽植过程中，要细致爱护树木，种了以后不要摇动。总之，顺乎树木天然本性，尊重树木本身生长的规律特点，不阻碍它的正常生长发育。有些人虽然爱惜树苗，关心树木生长，但由于不尊重树木本身生长规律，不得其法，只能起到揠苗助长的作用。柳宗元在《种树郭橐驼传》中借郭橐驼之口介绍种树的经验，并总结出种树要顺乎树木天然生长本性以及遵循树木生长的特点而进行栽植和管理，表明唐代森林培育技术已经相当成熟，这是古代森林培育领域出色的理论总结，在古代林业发展史上具有重要价值。

广西柳州柳侯祠

白居易东坡造林

白居易作为中唐时期影响极大的诗人，其诗歌语言通俗，流传甚广，从其留下的众多诗篇中不难看出，白居易一生中，也有着大量的植树造林活动。

元和十年（815），白居易因为得罪朝中权贵，被贬为江州（今江西九江）司马，到任后在官邸栽植了许多花木，甚至从庐山移栽丹桂到院中，并为其赋诗"天台岭上凌霜树，司马厅前委地丛；一种不生明月里，山中犹校胜尘中"。对于移植的石榴久不开花，他也是颇为在意，在其诗中带着嬉笑的语气说："小树山榴近砌栽，半含红尊带花来。争知司马夫人妒，移到庭前便不开。"

元和十四年（819），白居易升任忠州（今四川忠县）刺史，见州城周边众山荒芜、草木不茂，由此慨叹"巴俗不爱花，竟春人不来"。针对这种状况，白居易倡导百姓植树造林，亲率属下到城郊东坡种树，并咏《东坡种花》诗一首："持钱买花树，城东坡上栽。但购有花者，不限桃李梅。百果掺杂种，千枝次第开。天时有早晚，地力无高低。红者霞艳艳，白者雪皑皑。游蜂逐不去，好鸟亦来栖。"为使种下的花木成活，他总是不辞辛苦亲自担任园丁，精心呵护，"每日领童仆，荷锄仍决渠，划土壅其本，引泉溉其枯"。在其带动下，忠州人都争相植树造林，终于使得辖区内山清水秀、绿树成荫。

长庆二年（822），白居易调任杭州刺史，在任期间，率领民众在西湖之北、东起断桥西止孤山筑起长堤，蓄水灌田，这就是西湖著名的"白堤"；他还率众在白堤之上大力种植柳树，固堤蓄洪，事成之后，西子湖畔，树影婆娑，景色宜人，春天垂柳依依，如一条绿色丝带，人行其中，如临仙境，"无根亦可活，成荫况非迟；三年来离郡，可以见依依"。白居易也因其亲民和植树造林造福民众的作风，深受百姓的爱戴，为历代所称颂。

宝历元年（825），白居易调任苏州刺史。在其任职的短短一年中，曾亲手种过许多桧树，被当地人称为"白公桧"，甚有名气。尤为值得一提的是，由于白居易为官朴实、平易近人、乐于植树、惠及民众，深受当地百姓热爱，所以其所栽植的"白公桧"也被当地百姓视为珍贵树木加以保护，并口耳相传。

此外，白居易一生最喜种松树，不论遭到贬谪或升迁，他都喜欢在庭院中栽松，并在《春葺新屋》中写道："江州司马日，忠州刺史时；栽松遍后院，种柳荫前埠。"他在《栽松》小诗中说："小松未盈尺，心爱手自移。"究其原因，"爱君抱晚节，怜君含直文。俗得朝朝见，阶前故种君。知君死则已，不死会凌云。"为何白居易如此喜爱栽植树木呢？原因是他将植树与执政相提并论、紧密联系，不是为植树而植树，而是将植树造林与充实民生的理想相联系，正如他在《东坡种花二首》诗中所说："养树既如此，养民亦何殊。将欲茂枝叶，必先救根株。云何救根株，劝民均赋租。云何茂枝叶，省事宽刑书。移此为郡政，庶几氓俗苏。"

六　宋辽金元时期林业的快速发展

宋辽金元时期，是我国林业经济、林业建设和林业科技的快速发展时期。960年，赵匡胤陈桥兵变推翻后周，建立宋朝，结束了五代十国分裂割据的局面，重新统一中原。与宋并存的政权，东北有契丹建立的辽，西北有党项族建立的西夏，西南有白族建立的大理，此外还有吐蕃、回纥等。12世纪初，女真族建立的金朝灭辽与北宋，与南宋对峙100多年。

宋代是我国古代社会又一繁荣时期，天然林被大量开发，人工用材林和经济林有了较大的发展，堤岸防护林、国防林建设和森林保护日益受到重视，林业经营与管理政策法令日臻完备，开创了林业建设的新时期。辽、金对于我国北方经济文化的发展和林业建设亦做出了重要贡献。元代统一中国之后，在植树造林、林业科技、林政建设等方面也取得了新的成就。

1　帝王对森林资源的保护

宋辽金元时期，为了巩固统治，振兴与繁荣国民经济，以及军事斗争的需要，在广泛开发利用森林资源（包括野生动植物资源）的同时，很多帝王比较注意保护森林资源，并制定了许多保护森林和野生动植物资源的法令和政策。

林木保护方面，宋太祖即位后，为恢复经济，安定民生，于建隆三年（962）发布禁止砍伐桑枣的诏令："桑枣之利，衣食所资，用济公私，岂宜剪伐？如闻百姓砍伐桑枣为樵薪者，其令州县禁之。"但北宋末年，滥伐树木之风又再兴起。因此，宋徽宗在政和六年（1116）重新发布禁止滥伐桑柘的诏令："耕桑衣食之源，砍伐桑柘未有法禁，宜立约束施行。"辽政权兴起之后，在传统农业比较发达的燕云地区，比较注意保护林木。如统和四年（986），辽圣宗颁布诏令："军中无故不得纵马，及纵诸军残南境农桑。"统和七年（989），辽军行军前往易州，辽圣宗又下诏令"禁部从伐民桑梓"。为安定民生、发展经济，金王朝也比较重视保护桑枣林木。大定十九年（1179），金世宗"见民桑多为牧畜啮毁，诏亲王、公主及势家牧畜有犯民桑者，许所属具官立加惩断"。金章宗继续贯彻保护政策，于泰和元年（1201）"用尚书省言，申明旧制：猛安谋克户每田四十亩，树桑 亩，毁树木者有禁，鬻地者有刑"。泰和五年（1205），金朝撤销了官营的茶园，章宗告谕大臣说："今虽不造茶，其勿伐其树，其地则恣民耕樵。"元世祖即位后，为恢复和发展国民经济，也发布了保护林木的诏令。如中统三年（1262），诏令"禁诸道戍兵及势家纵畜牧犯桑枣禾稼者"。宋代还重视保护堤岸防护林。景德三年（1006），宋真宗诏令"申严盗

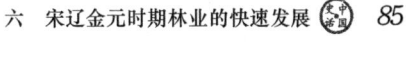

伐河上榆柳之禁"。熙宁八年（1075），北京大名府（今河北大名县）因修筑城市建筑而砍伐堤岸防护林，宋神宗就此事发布了保护堤岸林的诏令："黄河向著堤岸榆柳，自今不许采伐。"宋王朝重视保护边界森林以加强国防屏障。为巩固北部边境，皇祐元年（1049），仁宗诏令"定州一概禁伐林木"。为了加强保护西线边界林，淳熙十六年（1189），宋孝宗诏令"四川制置司行下沿边州郡，将应有林木关隘去处措置，严切禁戢，毋致采斫"。陵寝林方面，宋王朝为争取民心，缓和与原敌对集团的矛盾及保护历史文物，重视保护前代帝王和先贤名臣陵墓以及祠庙等地林木。乾德三年（965），宋太祖下诏"先贤丘垅并禁樵采。前代祠庙，咸加营葺"。大中祥符五年（1012），宋太宗又下令"禁周太祖葬冠剑地樵采"。降圣州（今内蒙古赤峰市敖汉旗），是辽太宗的诞生地，辽穆宗为纪念太宗而建立此州，并下诏令降圣州"四面各三十里，禁樵采放牧"。大房山位于燕京西南，是金都附近的名山，又是金朝"祖宗陵寝"所在地，金世宗于大定二十一年（1181），册封大房山为"保陵公"，并"数有司岁时奉祀，共封域之内禁无得樵采"。

在野生动物保护方面，宋太祖在建国之初，即建隆二年（961），即颁布了保护野生动物资源的诏令："鸟兽虫鱼宜各安于物性，罝罘罗网当不出于国门。庶无胎卵之伤，用助阴阳之气。其禁民无得采捕虫鱼，弹射飞鸟，仍为定式。"太平兴国三年（978），宋太宗重申禁猎期不得捕猎的诏令："方春阴和之时，鸟兽孳育。民或捕取以食，甚伤生理，而逆时令。自今宜禁民二月至九月无得采猎及持竿挟弹采巢摘卵。"景祐三年（1036），宋仁宗颁布诏令并采取惩奖相结合的政策，严厉打击过度猎捕母鹿的行为。统和七年（989），辽圣宗发布"禁置网捕兔"的诏令。辽兴宗于重熙九年（1040）颁布了制裁滥捕动物的法令："诸帐郎君等于禁地射鹿，决三百，不征偿；小将军决二百，以下及百姓犯者，罪同郎君论。"辽朝还重视保护孕禽、幼兽，如清宁二年（1056），辽道宗颁布诏令："方夏，长养鸟兽孳育之时，不得纵火于郊。"正隆五年（1160）海陵王下诏令"禁中都、河北、山东、河南、河东、京兆军民网捕禽兽及畜养雕隼者"。金世宗出于保障野生禽兽繁育的考虑，提出停止春季狩猎活动，又下诏"禁上京路大雪及含胎采捕"。泰和元年（1201），金章宗诏令"禁杀含胎兔，犯者罪之，告者赏之"。至元二年（1265），元世祖也下诏"申京畿禁畋猎"；至元十年（1273），又诏令"禁京畿五百里内射猎"。元朝还在辽东半岛、内蒙古南部等地区设有禁猎区。如至元二年（1265），元世祖诏令"禁北京、平滦等处人捕猎"。为保障孕兽和幼兽的繁育成长，元朝建立了禁猎期制度。至元九年（1272），元世祖诏令"数七月至十一月终，听捕猎，余月禁之"。至元十二年（1275），又发布"禁猎孕字之野兽"的诏令，即使在弛禁之时，对禽兽"其孕字之时勿捕"。元成宗于大德元年（1297），诏"禁正月至七月捕猎，大都八百里内亦如之"。至大四年（1311）九月，元仁宗诏"禁民弹射飞鸟"，这是元代保护鸟类资源的法令。

六 宋辽金元时期林业的快速发展　87

2　苏东坡与林业

古代林业的发展离不开相关历史人物的贡献。虽然古代没有单独的林学，没有专门的林学家，但许多历史人物在林业发展中扮演着重要的角色，他们或是林业政策的制定者，或是林业活动的积极实施者，或是关注林业的经济价值，或是醉心于林业文化研究。

苏轼，字子瞻，号东坡居士，北宋著名文学家。诗文改革的卓越代表。文学成就之外，苏轼亦具有丰富的林业思想，并有多方面的业绩，是中国林业史上的杰出人物之一。

苏轼少年时代在家中一面跟随母亲程氏学习诗书，一面参与农事，尤喜植松。他植树的经历在其后来的诗文中多有体现，如其《戏作种松》诗云："我昔少年时，种松满东岗。初移一寸根，琐细如插秧。二年黄茅下，一一攒麦芒。三年出蓬艾，满山放牛羊。不见十余年，想作龙蛇长。"回顾少年时代种植和管护幼松的事迹。又《送贾讷倅眉》诗中有"老翁山下玉渊回，手植青松三万栽"之句，说明其种树数目很多。元祐三年（1088），他在《戏赠杜舆二首》诗序中说："予少年颇知种松，手植数万株，皆中梁柱矣。都梁山中见杜舆秀才，求学其法，戏赠二首。"由此可知，苏轼自少年时代即酷爱植树造林，且成绩斐然。直至晚年被流放岭南，他还不断植杉种树，故有"万本青杉一手栽"之句。苏轼在其《东坡杂记·种松法》一文中，还比较全面地叙述了采种、育苗、栽植和管护幼松的技术与方法。

苏轼非常重视并亲自营造园圃林这一经济模式。元丰二年（1079），他被贬至黄州（今湖北黄冈县），生活十分贫困。其《东坡八首》序云："余至黄州二年，日以困匮。故人马正卿哀予乏食，为于郡中请故营地数十亩，使得躬耕其中。"苏轼就把这数十亩荒地开辟为农、林结合的园圃。其诗云："荒田虽浪莽，高庳各有适。下隰种秔稌，东原蒔枣栗。江南有蜀士，桑果已许乞。好竹不难栽，但恐鞭横逸。仍须卜佳处，规以安我室。家童烧枯草，走报暗井出。一饱未敢期，瓢饮已可必。"这里体现了苏轼因地制宜发展农林生产的经济思想。其诗又云："种枣期可剥，种松期可斫。事在十年外，吾计亦已悫。十年何足道，千载如风雹。旧闻李衡奴，此策疑可学。我有同舍郎，官居在灊岳。遗我三寸柑，照座光卓荦。百栽倘可致，当及春冰渥。想见竹篱间，青黄垂屋角。"又《次韵孔毅甫久旱已而甚雨三首》中说："去年东坡拾瓦砾，自种黄桑三百尺。"可以说，《东坡八首》给我们展示了低地稻禾满田，高地枣栗桑橘遍布，松竹成林的园圃林的自然美丽景观。

苏轼重视森林的生态效益和历史文化价值。他在巡视陕西凤翔期间，目睹宋王朝及达官贵人大兴土木，滥伐森林，破坏森林生态及自然、历史遗产，甚为痛惜。他在《凤翔八观·东湖》诗中云："吾家蜀江上，江水绿如蓝。尔来走尘土，意思殊不堪。况当岐山下，风物尤可惭。有山秃如赭，有水浊如泔。"这里揭示了秦陇山区由于过量采伐森林资源，呈现山石裸露，"有山秃如赭"的景观。由于森林植被被破坏，导致严重的水土流失，致使渭河"有水浊如泔"，与长江"江水绿如蓝"形成强烈的反差。其诗的深刻寓意是要珍惜爱护森林，维护森林的生态效益，给人们保留一个美好的生活环境。其次，这首诗表明苏轼有保护具有历史意义的森林遗产的思想。众所周知，岐山是周王朝"肇基王迹"之地，岐山的森林哺育着周人的成长，它是中华文明历史的象征。如今此地"有山秃如赭，有水浊如泔"，人类文明的遗产受到如此严重摧残，是有愧于先人的。正是基于上述思想，苏轼在《凤翔八观·真兴寺阁》诗中，指名道姓地抨击了权贵势家王彦超大兴土木滥伐森林的行为："当年王中令，砍木南山赪。"表达了对滥伐森林，恶化生态环境的气愤之情。

苏轼一生历任地方官吏，他从儒家勤政爱民思想出发，关心人民疾苦，在兴修水利，改进农业生产以及林业建设方面做出了重要贡献。他在出任凤翔府判官期间，改善了木材流放管理制度，据《宋史》载："关中自元昊叛，民贫役重。岐下岁输南山木伐自渭入河，经砥柱之险，衙吏踵破家。轼访其利害，为修衙规，使自择水工以时进止。自是害减半。"他还重视先进的木质农具的推广，宋哲宗绍圣元年（1094），在被贬赴惠阳途中，"过庐陵，见宣德郎致仕曾君安止，出所作《禾谱》，文既温雅，事亦详实，惜其有所缺，不谱农器也。予昔游武昌，见农夫皆骑秧马，以榆枣为腹，欲其滑，以楸桐为背，欲其轻。腹如小舟，昂其首尾，背如覆瓦,以便两髀雀跃于泥中,系束藁,其首以缚秧。"因此,苏轼作《秧马歌》一首,附于《禾谱》之末,目的在于推广这一先进的木质农器,减轻农民的劳动强度。此外,苏轼在《东坡志林》中对于四川盐井的木工技术改革非常赞赏,它与秧马都丰富了我国木工技术的内容。苏轼还鼓励植树造林的行为,他在《万松亭》序中说:"麻城县令张毅,植万松于道周以芘行者,且以名其亭。去未十年,而松之存者十不及三四。伤来者之不嗣其意也,故作是诗。"元祐四年(1089),苏轼第二次出任杭州知州时,他撤废了西湖中仅围的封田,全面疏浚西湖,并用疏浚出来的巨量封泥在湖中修筑了一条沟通南北两岸的长堤,"堤成,植芙蓉、杨柳其上,望之如画图,杭人名为苏公堤"。苏轼在堤上种植芙蓉、杨柳,不仅有保护长堤之效,并且给西湖增添了无限美景。而苏堤春晓作为西湖十景之一,至今仍为引人入胜的佳景。

苏轼还特别喜欢竹子,有力地推动了竹文化的发展。《东坡杂记》中说:"岭南人当有愧于竹,食者竹笋,庇者竹瓦,载者竹筏,爨者竹薪,衣者竹皮,书者竹纸,履者竹鞋。真可谓一日不可无此君也耶。"其"一日不可无此君"的论断,深刻地概括了竹子是南方人生活中不可或缺之物。他在其《于潜僧绿筠轩》诗中说:"可使食无肉,不可居无竹。无肉令人瘦,无竹令人俗。人瘦尚可肥,士俗不可医。"表现了他对竹子的喜爱之情。所以他的诗歌中有大量竹子意象,《次韵子由绿筠堂》云:"爱竹能延客,求诗剩挂墙";又《次韵子由所

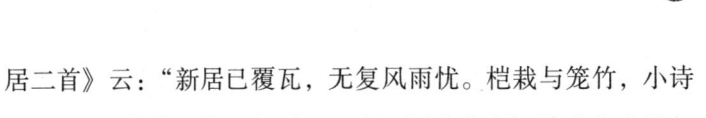

居二首》云:"新居已覆瓦,无复风雨忧。桤栽与笼竹,小诗亦可求。"等等。他还在《和子由记园中草木》诗中指出竹与其他树木相比,有生长迅速、易于成材的优点,提倡多种竹。诗云:"种柏待其成,柏成人已老。不如种竹筀,春种秋可倒。"

总之,苏轼作为一位伟大的文学家,同样在林业领域有着重要的贡献。

3 两宋边防林的营建和保护

中国古代有利用森林树木构筑军事防御工程的习惯,秦汉时期称之为榆塞,即边防林工程。出于军事防御的需要,边防林建设与保护成为两宋时期重要的国防政策。

北宋时期,为了加强宋辽边界大片平原地区的防御,阻止辽国骑兵的突入,北宋王朝在河北、山西两地,进行了大量边防林建设。宋太祖在建国后不久,就下令在瓦桥关一带南北分界的地方,种植榆柳,"中通一径,仅能容一骑",阻挡辽军南下。宋太宗后,宋辽关系日趋紧张,在河北路沿边开挖塘泊,广种榆柳。大中祥符七年(1014),宋真宗根据河北沿边安抚司的建议,诏令"于沿边军城种柳莳麻,以备边用"。不仅仅是皇帝重视,很多守边大臣也充分认识到植树造林乃事关边防之要事。景德四年(1007),李允则担任瀛州(治今河北河间市)知州,时值宋辽和议期间,他教育士卒提高战备观念,"下令安抚司,所治境有隙地悉种榆。久之,榆满塞下。

顾谓僚佐曰：此步兵之地，不利骑战，岂独资屋材耶！"北宋名将韩琦在其奏章中也指出："遍植榆柳于西山，冀其成长以制蕃骑。"宋初到真宗朝，由于朝廷上下的重视，宋辽交界河北区域边防林的营建成就卓著，"使人每岁往来之路，岁月浸久，日益茂盛，合抱之木，交络翳塞"。宋真宗曾拿着《榆柳图》，高兴地对群臣说："此可代鹿角也。"河北之外，自宋仁宗时起，北宋也注意到了山西境内的边防林建设。明道二年（1033），官员刘宗言"奏请种木于西山之麓，以法榆塞，云可以限契丹也"。就是要求在太行山东麓的冀西山区营建边防林，以防备契丹骑兵南下。由于北宋重视宋辽边境的边防林建设，使得河北边界地区一度榆林广布，所种树木达三百余万棵，边防一派苍翠葱绿。

南宋时期，宋金以淮河与秦岭为界，宋王朝为防范和抵御金兵南下，继续进行边防林的营建。绍熙二年（1191），宋光宗鉴于两淮地区地势平坦，难以阻遏骑兵进攻，提出要加强国防林的建设："淮上一望都无阻隔，时下栽种榆柳，虽未便可用，缓急亦可为藩篱。"绍熙三年（1192），应王璆请求，宋光宗又下诏"两淮、京西、湖北、四川统兵主帅并本路帅宪，密切差人点检各处近边私小便路有碍边防去处，同共措置断塞，多种林木，令人防守。"南宋西南边境毗邻吐蕃诸部和大理政权，而四川更是首当其冲，因此，南宋王朝也重视四川等地的边防林营建。淳熙九年（1182），四川制置司再次进言："沿边州郡应私道路，乞尽依旧法，多栽林木，重立赏罚，断绝往来。"绍熙三年（1192），宋光宗下诏，要求两淮、京西、湖北、四川等地均要密切勘察边防小径私路，多种林木，增派人手加强防守。

一方面坚持进行新的边防林建设，另一方面则加强对已有边防林的保护和管理。庆历二年（1042）九月，"诏河北堤塘及所在闲田中官所种林木，毋辄有采伐，违者寘其罪"。庆历年间，辽国趁宋与西夏交战之机，索取代州之地，北部边境形势紧张。宋王朝为巩固北部边境，更加重视保护边界森林以加强国防屏障。皇祐元年（1049），仁宗诏令"定州界以北，一概禁止采伐林木。"而对于与辽接壤的代州五台山森林，宋王朝亦倍加注意保护，并立法禁止采伐，"忻、代州、宁化军界山林险阻，仁宗、神宗常有诏禁止采斫，积有岁年，茂密成林，险固可恃，犹河朔之有塘泺也。比年采伐渐多，乞立法禁"。及至宋徽宗时，五台山森林"采伐渐多"。因此，宋徽宗于崇宁五年（1106）和政和三年（1113）两次重申禁伐诏令。崇宁五年，河东沿边安抚司奏称："瓶形、宝兴军寨与真定府北寨（今河北阜平县）相连，北人多于此越轶，劫掠人户。又从来禁伐五台山一带林木，以遏胡马之冲，比来颇多盗伐，于边防所系不轻。乞许帅臣诣代州管下诸寨及五台山一带与河北相接被边处检视，一岁再往，置人于阻险间，使察捕奸人。从之。"提及五台山地区林木遭到盗伐，以致辽人从此入侵宋境，要求加强巡查和管理。

北宋为保障边郡安全和巩固国防，把边界森林视为绿色长城，国防屏障，实行"禁山"，严禁采伐。大中祥符七年（1014），为加强西部边防，吏部员外郎李及建议"又鄜延路界地名押班岭（今陕西延安附近）已来一带，并与北界山林接连，乞禁止采伐"。考虑到押班岭附近山林纵横，有利边防，宋真宗最终采纳这个建议。南宋时期，为了保卫边界安宁，曾多次发布保护边界林木的诏令。淳熙元年（1174），淮南运判吴渊为加强淮西路"自和州、无为军、庐州至舒州一带"（今安徽巢湖、合肥、舒城）的关隘国防力量，要求对此间的昭关、陟岘关、石湖关、东西关、冷水岭、北峡关等六处关隘之外的森林"并禁采伐，关之内只禁二里。若有民户已产，权免合给税物。如此，可以待其茂盛，障蔽险阨"。宋孝宗同意这一建议。绍熙四年（1193），宋光宗再次发布保护边防林的诏令："屡有约束，久而人玩，宜再禁戢。"宋光宗多次下令在两淮、荆襄边境地区种植林木，并禁止木材采伐，无疑是认识到边防林在对抗金兵进犯中的重要防御功能。川陕地区边防林向被视作禁山加以保护，但南宋初年，由于制造军备器械、船只对木材的大量需求，川陕边防林遭到严重破坏，因此绍兴六年（1136），太常博士李弼直进言："川陕四路边面联属，绵亘数千余里，所恃为形胜者非特山蹊险阻，盖有林木以为障蔽，谓之禁山。祖宗时，每帅臣到官，即分遣属吏检阅禁山，为典故。顷岁以来，以军兴而制器械，运粮而造船筏，自近及远，采斫殆尽。异时障蔽之地，今乃四通八达。望诏有司检会禁山条例，严行约束。"宋高宗遂下诏严禁采伐林木，保护边界森林。绍兴八年（1138），李焘担任泸州（今四川东南部）知州期间，"戒官民毋于夷、汉禁山伐木造舟"，想通过禁伐林木来保护边防林，以确保边郡安全。淳熙七年（1180），张武奏

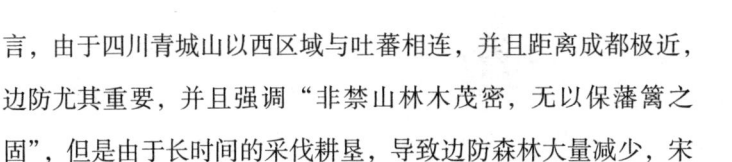

言，由于四川青城山以西区域与吐蕃相连，并且距离成都极近，边防尤其重要，并且强调"非禁山林木茂密，无以保藩篱之固"，但是由于长时间的采伐耕垦，导致边防森林大量减少，宋孝宗最终同意禁止采伐林木，以加强川蜀边防安全。

两宋王朝边防林的营建和保护，其影响是多方面的。一方面，边防林在国防防御中的重要作用得以展现，长时间、大规模的边防林建设曾经有效地遏制辽、西夏、金政权骑兵的突袭，一定程度保护了宋代边防的安定。甚至于明代建国以后，基于同北方蒙古残余势力的斗争，还借鉴了两宋的边防林政策，在长城附近广植林木，成为第二藩篱。另一方面，边防林不仅仅具有军事防御功能，实际上两宋的边防林树种选择比较广泛，榆柳之外还有桑、枣等一些经济林木，这些树木的培育，既可以提供木材薪料，也能增加边民的生活收入。还有一点值得关注，边防林政策的执行，客观上在两宋的边境地区形成了规模可观的森林，历史上山西、陕西、四川地区在宋代总体上森林资源比较繁盛或许就有边防林政策的一部分功劳，大量森林植被的存在，对当地总体生态环境无疑是有正面效果的。

4 陈翥及其《桐谱》

陈翥，字凤翔，号虚斋，自称桐竹君，北宋时期池州府铜陵（今安徽省铜陵县）人，生于宋太宗太平兴国七年（982），卒于宋仁宗嘉祐六年（1061）。其墓地位于安徽省铜陵县钟鸣镇，现为安徽省省级重点文物保护单位。

陈翥像(节选自《民国五松陈氏宗谱》卷一《像》)

陈翥出身于官宦世家,年幼即聪明过人,学习勤奋刻苦,《五松陈氏宗谱》记载他"五岁知书,十四入庠,笃志好学,杜门读书,博综古今之文,详明圣贤之道"。起初他也想通过参加科举考试,建功立业,但事与愿违,十余年间,屡试不中,加上自己患病,遂"志愿相畔,退而治生",一面闭门读书,一面参与农林种植活动。60岁时,他在自家西山南面的山地种植了几百棵桐树,并进行生产研究。乡人认为他的行为不合时宜,不是谋生之计,种植桐树不如种植桑树获利快。他面对非议,坚持信念,通过亲身实践,并在广泛调查和总结民间经验的基础上,写成了《桐谱》,这是我国古代第一部全面论述泡桐的林业专著。

《桐谱》成书于北宋皇祐元年(1049),全书分为叙源、类属、种植、所宜、所出、采斫、器用、杂说、记志、诗赋等十目。"叙源"一目,对古代文献中相关桐树名称进行了考证,还对桐树的形态特征、生物学特性、材质以及桐树利用问题,作了论述。"类属"一目,记载了白花桐、紫花桐、取油用桐、刺桐、梧桐、贞桐等六种桐树,并作了简单的归类。作者从文理、树形、生长习性、毛色、花实、功用等多方面考察不同桐树之间的个体差异以及相关共性。尤其是突破了《齐民要术》中按花实将桐树划分为"白桐"和"青桐"的界线，是桐树分类上的一个很大的进步。"种植"一目，主要介绍了桐树苗木繁育、造林、林木抚育等方面的技术。其中包括播种、压条、留根、整地、造林时期和栽植方法，以及平茬、抹芽、修枝、保护的方法。这些方法既有对《齐民要术》等早期农书中林木种植方法的继承发展，也有对唐宋时期植树造林经验的新总结。"所宜"一目，专门讨论适宜桐树的生长环境，包括地势、地力、光照、温度、水分等，并提出了诸如中耕、除草、施肥、疏叶等方法措施。"所出"一目，记载桐树产地，根据所辑录的相关文献资料表明，北宋时期长江中下游地区，桐树的自然分布和人工栽培非常普遍。"采斫"一目，总结了桐树修剪疏枝和木材采伐的经验。"器用"一目，总结了有关桐树木材利用方面的经验。"杂说"一目，汇集有关桐树的逸闻轶事。"记志"一目，包括《西山植桐记》《西山植竹志》两篇文章，是作者自述植桐、植竹之事。最后"诗赋"一目，收录了作者有关桐的诗词歌赋，多为作者"借词以见志"之作。

  作为一个民间学者，陈翥以"补农家说"为出发点撰写《桐谱》，全面、系统地总结了北宋及其以前的有关桐树种植和利用的经验，展现了中国古代林业科技的世界领先水平。尤其是书中的许多内容是作者亲身实践的真实记录，具有重要的科学价值，对后世影响较大，流传也广。他的安贫乐道，他的高风亮节，得到了时人很高的评价。宋仁宗曾经下诏赠他"金帛冠带，以荣终身"。宋代名臣包拯在担任池州知府时，

《丛书集成初编》版《桐谱》书影

亲自探望古稀之年的陈翥,甚至还打破常规,向朝廷推荐高龄的陈翥,在陈翥拒绝朝廷征召之后,包拯为其赋诗:"奉敕江东历五松,义安高节仰陈公。赤心特为开贤路,丹诏难回不仕风。"

六　宋辽金元时期林业的快速发展　99

> # 桐譜
>
> 宋　陳翥著
>
> 古者氾勝之書今絕傳者獨齊民要術行於世雖古今之法小異然其言亦甚詳矣曁茶有經竹有譜吾習略而不具植桐乎西山之南乃述其桐之事十篇作桐譜一卷其植桐則有紀誌存焉聊以示於子孫庶知吾飢不能于祿以代耕亦有補農之說云耳皇祐元年十月七日夜
>
> 　一之敍源　　二之類屬
> 　三之種植　　四之所宜
> 　五之所出　　六之采斫
> 　七之器用　　八之雜說
> 　九之記誌　　十之詩賦
>
> ## 敍源第一
>
> 桐柔木也月令曰清明桐始華又呂氏季春月紀云桐始華爾雅釋木曰櫬桐又曰榮桐木郭璞云卽今梧桐也疏引詩云大雅云梧桐生矣于彼朝陽是也曹云嶧陽孤桐釋木所謂櫬榮者乃桐之一木耳右詩云梧桐傾高鳳又曰井桐栖雲鳳故詩書或稱桐或云梧或曰梧桐

《丛书集成初编》版《桐谱》书影2

5　木材采运技术

宋朝京都汴梁时期，曾在渭水北岸设置采伐森林的机构，从事陇山以西的林区采伐,规模相当可观,"岁获大木万本",春秋两季,联巨筏,自渭达河,运到京师,汴京一时"良材山积"。连在澶州修桥,皇帝都诏令使用秦陇之松木。不久采伐林区又进展到甘谷县西北30多公里的夕阳镇。经过30多年采伐之后,采伐区西移数十公里。到金代,采伐重点转移到更为偏僻的六盘山中段。金正隆年间(1156~1160),金人占据开封,为营建汴梁新宫,派张中彦赴关中采运木材,因陇西山区已无巨材,只有远到六盘山中段青峰去开辟新区,"青峰山巨木最多,而高深阻绝,唐、宋以来不能致。中彦使构崖架壑,起长桥十数里,以车运木,若行平地,开六盘山水洛之路,遂通汴梁。明年,作河上浮桥,复领其役",为采运木材,要架十几里的木桥,开六盘山水洛之路,作河上浮桥,由于运输困难,发明了索道运送木材的先进方法,水陆联运,在中国森林工业采伐史上应是一项发明。

到宋真宗(998~1022)时,又修建道宫,大兴土木,采伐"岚、万、汾阳之柏"。11世纪50年代,"三司岁取河东木植数万,上供。岩谷深险,趋河运,民力艰苦"。13世纪时,吕梁、芦芽山的林木被大量采伐,编成木筏由黄河、汾水下放输出,所谓"万筏下河汾",就是大肆采伐森林由河流运送的写照。

至元四年(1267)忽必烈另建大都,木材主要取自京西之西山,据《西迁注》称,"西山内接太行,外属诸边,磅礴数千里,林麓黑黝,溪涧镂错,其中物产甚饶",当时卢沟桥即为西山木材集散之地。中国国家博物馆藏画元代《卢沟运筏图》即为当时京郊卢沟桥木材水运之写照。

元《卢沟运筏图》

6 王祯《农书》中的林业科技与思想

王祯（1271~1368），字伯善，山东东平人，元朝著名的农学家。元贞年间，他在担任旌德县令时积极发展农业生产，亲自指挥百姓育苗、造林，精心钻研植树造林技术。成宗大德二年（1298），他在总结群众经验的基础上，写成了著名的《农书》，囊括了大量森林培育、管理和加工利用技术，是林业发展史上一部重要的传世文献。

王祯的《农书》共22卷，分为3部分："农桑通诀"6卷、"百谷谱"4卷、"农器图谱"12卷。其中"农桑通诀"6卷之中，有"种植""畜养""蚕缫"三篇，记载有关林木种植包括桑树种植、禽畜饲养以及蚕茧加工等方面的技术；"百谷谱"中的"果属""竹木"等四篇，记载了果木、竹木类林木的特性与培育管理技术；"农器图谱"中的诸多篇章，例如"杵臼""舟车"等篇，则记述和描绘了大量木材加工利用技术和图例。王祯的《农书》在记载大量林木培育、林产加工利用、林业科技等内容的同时，也体现出作者较为完备的林业思想。

王祯认为植树造林是利民兴国的大业，"树之榛栗，椅桐梓漆，卫文公之所以兴其国也"。他认识到林木的巨大经济价值，认为"种植之利博矣"，他强调说："古人云：木奴千，无凶年。木奴者，一切树木皆是也。自生自长，不费衣食，不忧水旱。其果木材植等物，可以自用；有余可以易换诸物。若能多广栽种，不惟无凶年之患，抑亦有欠远之利焉。"因此，他鼓励农民植树造林，不仅可以解决人们的衣食问题，同时还可以防止自然灾害，保护了人们生活的家园。"夫以王侯之富且贵，犹以种树为功，况于民乎？"王祯把植树造林看做官员政绩的重要一项。王祯认为植树造林，发展林业，关系"民生济用"，是"政策之本"。他列举了龚遂、黄霸等古代提倡植树造林的官员事迹，主张向他们学习。

王祯还非常重视林业科技。他强调树木培育技术，"观柳子厚郭橐驼传，称驼所种树，或移徙无不活，且硕茂早实以蕃。他人效之，莫能如也。又知种之不可无法也"。又重视树木病虫害防治，"夫既已种植，复接博之。既接博矣，复剔其虫蠹。柳子所谓吾问养树得养人术，此长民为国者，所当则视效也"。王祯的《农书》收集、整理了前代的树木种植和防治病虫害经验，对各种树木的选种、育苗、抚育、栽植或嫁接以及防治病虫害等技术作了较为详细的介绍。当时普遍认为麻栎树插条不易成活，他认为将插条的插穗下端削剪成马耳形，这样可以扩大切口与土壤的接触面，有利于成活，这一做法至今具有现实意义。他对竹林的培植也有自己的独到看法，主张竹林生长不宜分布过密，竹子细密多病。

王祯认为元朝官吏腐朽无能，疏于植树造林，"近闻诸般材木比之往年价值重贵。盖因不种不栽，一年少于一年，可为深惜"。针对这种状况，他认为要做好植树造林，不仅要求统治阶层要"淳淳然谕之"，还要"验实事，保实功"。他认为"使今之时，上之劝课皆如龚黄，下之力本皆如樊李，材木不可胜用，果实不可胜食矣"。

王祯的《农书》内容相当广博，体系完整，反映的农林技术南北兼顾，并且图文并茂，系统而全面地总结了元朝以前农林生产实践的丰富经验，其中蕴含了先进的林业生产技术、丰富的农林牧综合经营理念、合理的土地和水资源利用方法，在我国林业科技史上也有着重要的地位。

七　明至清中期林业的稳步发展

明代初期，太祖朱元璋实行安养生息的经济政策，社会生产力得到了恢复和发展。明代中期以后，商品经济明显发展，出现了资本主义生产关系的萌芽，但与西欧国家相比，经济和科学技术的发展都显得十分缓慢。清代政治制度沿袭明制，清初，军队在征服全国的过程中进行焚杀和掠夺，经济遭到严重破坏。康熙、雍正时期是清代社会经济的极盛时期，但由于封建制度的桎梏，发展仍然是缓慢的。一些学者，或摒弃仕途，或由于仕途不得志，纷纷转而从事科学技术的考察和总结工作，在这一时期问世的著作中，关于林业科学技术的论述占有相当篇幅。

1 林产品生产技术的发展

随着农业、手工业和文化的发展，人们对森林的认识日益深化，除了森林主产品木材之外，又认识到许多其他林产物也是有用的，并逐步创造了加工、利用的方法。这些方法到明清时期有很大发展，并逐渐普遍使用。

割漆技术　中国先民很早就知道利用漆，漆被用作重要的涂料。关于采漆的操作技术，在明清时期已经趋于完善。《群芳谱》不仅有割漆法的记载，并有一套验漆的口诀："微扇光如镜，悬丝急似钩，撼成琥珀色，打着有浮沤。"这是很宝贵的经验。《三农纪》中论及割漆方法比《群芳谱》有所提高，首先提出割漆的漆树粗细要如碗口，过小或衰老的漆树产生的漆不仅少而且质量不好；其次割漆工具由斧改为利刀，减小对漆树的伤害，延长割漆龄；第三割口后先流出的树液要放掉，收下的漆含水量较大，要曝晒后收用。这样采收的漆品质好。《齐民四术》则进一步提出了割口的深度、宽度、形状，使割漆方法更为完善。

榨制植物油脂　一些木本油料作物的种子可以榨取油脂，《农政全书》中说，种乌桕树的主要目的就是"收子取油"，种子外的白色蜡质层可压下制桕油，用于制作蜡烛。种仁可榨取清油，用于点灯、调漆、造纸或乌发。《天工开物》中称桕油为皮油，并记载了用皮油制造蜡烛的方法，还详细描述了榨制植物油脂的具体做法。宋应星通过实验和观察，在该书中还难能可贵地指出一些木本油料作物种子的出油率，每石得油情况：樟树子为40斤、油茶子为15斤、油桐子仁为33斤、冬青子为12斤、乌桕皮油为20斤。在中国古代文献中，首次将木本油料作物的出油率记载得如此详细，这些数据也反映了明代榨油的技术已相当完备。

炼制樟脑 樟树,常绿乔木,枝叶均有樟脑味。樟树含有芳香物质,其木材和枝叶可蒸馏提取樟脑和樟脑油。明李时珍撰写的《本草纲目》中详细记述了樟脑制取法,转引了胡演在《升炼方》中所记的煎樟脑法和炼樟脑法。李时珍的樟脑炼制法:其一,精炼时,取粗制樟脑一两放碗内,以另一碗盖住,用湿纸糊口,以文武火炙烤,约半个时辰,冷却后可用;其二,取一个新土碗,铺杉木片于碗底,再放黄连、薄荷6钱,白芷、细辛4钱,荆芥、密蒙花2钱,当归、槐花1钱,加半碗水,洒上1两粗制樟脑,用另一碗盖住,糊住口,放火上煨,大约水煮干后停火。精制樟脑附着于覆盖的碗上,形似松脂,可用羽毛扫下备用。胡演的煎樟脑法是迄今所知最早的蒸馏制取樟脑法,李时珍的炼樟脑法和胡演的煎樟脑法相似。

加工肉桂 肉桂是重要的药物和香料,肉桂的树皮和枝叶中含有挥发油,极香。明代梁廷栋的《种岩桂法》记述了肉桂的采集加工法,主要有制桂皮法和煎桂油法两种。有六七年生的肉桂树即可剥皮。每年二三月春雨充沛时树皮容易剥离。选直径较大的肉桂树伐倒,运回剥皮,剥皮要用锋利的刀,以一定的间距横划、直划,起其皮,刮去外层粗皮,即得桂皮。剥下的生皮要放在日光下晒干。将伐倒剥皮后的肉桂树用锤捶碎,其碎皮称为"桂碎"。未捶碎而晒干的枝条称为"桂枝",树梢的细枝和叶片称为"桂头叶"。这些都可煎桂油。熬油主要设备是木甑,熬油时要有长流小水不断喷洒甑面,甑内含油的蒸气冷凝后即成桂油。这表明明代已能用蒸馏法提取香料植物的挥发油。

树木染料　明清时期，人们已能用树木染料和其他染料及辅料染成各种颜色。其中苏木、黄檗木、芦木、槐花、栗子壳斗等直接用于煎水煮染，而五倍子则与青矾类同用。如染红色用苏木煮水，并加入明矾和五倍子。染紫色用苏木做底色，并配以青矾。鹅黄色用黄檗煎水染。金黄色先用芦木煎水染，再用麻秆灰水淋、碱水漂。油绿色先用槐花稍微染一下，再用青矾水复染。因为有些染料不直接附着在纤维上，必须用金属盐或其水解物发生络合作用，才能在纤维上形成色淀。《天工开物》等书籍中关于树木染料的记载是合乎科学道理的。

2　大范围的皇木采办

明清两代由于兴造宫室、营建园林，对南方和北方都进行了大规模的森林采伐。皇室用于建筑的木材可以分为两大类：一类是用作殿柱的大木；一类是用作椽、拱等的一般性木材，也称为鹰架木、平头木。所用木材主要是楠木和杉木，其中，楠木是主体，如十三陵殿堂的梁柱用的都是香楠木。为满足建筑需要，朝廷派专人采伐大木，所采大木被称作"皇木"。皇木的开采、运输过程异常繁琐、艰难，所需人力、物力十分巨大，花费更是不可计量。

皇木采办过程复杂，工程难度大，同时技术工艺也较为系统。据蓝勇《明清时期的皇木采办》研究，明清时期皇木采办逐渐形成了一套完整的体系，分为勘察申报、采伐、拽运和泄运、运解交收、储备五个环节。

第一，勘察申报。在皇帝下诏或工部下文采办大木后，首先要勘察。由于历代采伐，南方近郊和近山的巨木已不复存在，必须进入深山密林、人迹罕至之处，"巨材所生，必于深林穷壑、崇冈绝箐、人迹不到之地"。明清两朝的一些督木官员往往亲自入山勘察，至于地方官勘察就更是艰辛，不但要承受翻山越岭、长期劳顿之苦，甚至出现随身所带粮食用尽，被迫采食野菜的情况。在勘察完成后，上报勘察堪用木材的数量、规格、方位，以及所需银两、力夫数额等，以待开采。

第二，采伐。按明清采伐皇木的常制，重要的采办地方一般要设立木场，木场设有督木同知，具体督办费用、工匠等事项。深山巨木所处环境，平时徒步都难以接近，更何况大规模采伐；伐木的斧手专业性强，且所需人数多，这使伐木难度倍增。采一株大木必须先由架工用木搭成平台，使斧手能用斧伐木和削枝，同时还必须用缆索拉系"方无堕损之虞"。伐倒巨木后还需"穿鼻"，即将巨木穿孔以利于系缆拖运。采伐大木需要耗费大量人力、物力，方能完成。

第三，拽运和泄运。从人迹罕至的深山向外运输巨木，在缺乏现代化运输工具的条件下，其难度可想而知。皇木转运分两部分，一是从采伐地运到溪流，即"运到外水"的拽运过程；二是从溪流运到江河，即"运到川楚大河"的泄运过程。由于采伐之地至附近溪流从数十里到数百里不等，从溪流至江河亦是如此。从明代惯例看，首先要招募架长来看路、找箱和安排泄运。所谓"找箱"，即像铺设铁路一样，以两列杉木平行铺设于路基或支架上，每距五尺横置一木。同时由笆子匠制作缆索及助滑竹皮，铁匠打制工具，石匠开采巨石，架长在陡坡处用木垫低就高，并于两高山间垒建高架成桥。运输中，民夫将大木直卧在横木上，用绳系在大木首端的鼻孔上由多人负杠拖行；每十里设置一塘，逐塘运送。巨木运输所需民夫动辄数千，运输过程异常艰难。

第四，运解交收。大木以泄运或扎筏运到江河后，交各督木道验收，便开始按照一定数量扎成木筏（明代一筏多为80根，清代一筏多为70根），从水路运往京师。各路的皇木从长江扎筏运到大运河，北上运到通州交割验收，当时从江淮至京师的大运河上运转皇木的"排筏相接"，长江上"巨筏蔽江"，十分繁忙。一般从四川转运到京师，即使运程顺利也需一年左右的时间。

第五，储备。在京师，有专门负责验收和储存巨大皇木的机构。明代专门设有大木厂和神木厂蓄积皇木，神木厂设在崇文门外，大木厂设在朝阳门外；清代在通州、张家湾设皇木厂，由满人担任皇木厂监督，验收运京竹木并转运到木仓。

皇木采办的形式有官办采木、商办采木和土司进献三种形式，其中第三种的数量很少，以前两种为主要形式。所谓官办采木，就是官员直接参与负责皇木采办的全过程。而商办采木，就是政府利用商人的力量采办大木。

明代以官办采木为主，商办采木只是官办采木的辅助形式。明永乐四年（1406）开始营建北京宫殿，从英宗，继以宪宗、武武，到世宗、神宗，所建宫殿越来越豪华，其所用的硕大楠木绝大部分来自云南、贵州和四川等地，采伐运输极为不易。据《明史》记载："七庙之建……岂忧勘之不足……今独材木为难，盖巨木产自湖广、四川穷崖绝壑、人迹罕至之地。斧斤伐之，凡几转历，而后可达水次，又溯江万里，而后达京师，水陆转运，岁月难计，此首当预为之所也。"朝廷对皇木的要求很严格，大木必须有一定长度及直径，树干且要挺直。许多巨大楠木及杉木，砍倒后才发现有不完全合适的地方，只好弃置原地。由于皇木要求必须完整无伤无缺，若在运输的过程中发生损伤，也会被中途弃去，最终能够安然到达的仅十之一二，可见损失木材数量之巨。

明永乐年间负责采木的官员和采伐区域主要有工部尚书宋礼到四川，刑部右侍郎金纯、吏部侍郎师逵到湖广，户部右侍郎古朴到江西，右副都御史刘观到浙江，右金都御史仲成到山西，江西参议柴车到福建。这些官员都是中央六部及都察院一级的首要成员，到了地方则凌驾于地方行政官员甚至巡抚之上。而且这种采木督官本身就是"钦差大臣"，有权驱使所至省份的民力。可以说，永乐皇帝在营建北京城的15年内几乎将关内各地的巨木搜罗殆尽。而这次大规模采办皇木，一直持续到宣德初年。《明实录·宣德实录》记载：湖广方面在宣德元年（1426）"又承工部勘合采杉松大材七万株"。直到宣德五年（1430），才"罢工部采木"，"采木军入遣归农"，前后持续了25年。

明永乐伐木之后事隔不到百年，嘉靖、万历两朝又发动了大规模采办皇木的活动，所谓"采木之役半天下"，采木官派遣地以四川、湖广、贵州为主。嘉靖皇帝为采办皇木还特别增

云南盐津洪武、永乐皇木采办摩崖题刻

设了"采木尚书"和"采木都御史"以专理"木务"。万历二十四年(1596)以后,巡抚、巡按等就是采木总负责人,而且设置督木总道。明中叶以后木材需求量大增,加之时间又紧,单靠官家伐运已不能满足需要。明嘉靖时期表面上也是官办,但实际上已开始官督商办,商人开始承担采伐和运送任务。

清代大规模的森林采伐与三山五园的营造和宫殿建筑的修缮相关。太和殿是紫禁城里规制最高的建筑,但由于过去缺乏自然科学知识而保护不力,建筑经常遭受雷击而损毁,仅康熙年间就有三次重修的记载。每次重修工程均十分浩繁艰巨,仅采木一项就很惊人。康熙十八年(1679)"十二月初三,太和殿失火",遂采办楠、杉二木。二十二年(1683)的四川采木,"通省查报,合式楠杉二木,共八千五百五十余根,而估计夫匠运价,共银十二万八千三百余两"。二十四年(1685),"四川楠杉已解十分之一",因蜀道艰难"而所运大木二千二六十三根,断不能如他省之运解者,可以按数、按期而至也"。而"除四川册报多余楠木不解外",江西、广东、广西等省"楠木、杉木已足建太和殿"。从以上记载我们可以看到,由于皇家对经济的垄断,对木材的开采根本就是不计成本。

清代皇木采办主要由政府招募自备本金的商人进行采伐、运销木材,官方按规定价格收购其中的一部分,其余木材由商人自行销售。顺治九年(1652)令:"各工需用木料,召募商人,自备资本出古北、潘家、桃林等口采伐木植,运至通州张湾地方,照数验收给价。……俟木植到日,部委官至通州张湾确估时价,部征三分,商给七分。"商人采木除出入以上诸关口外,还有直隶永平府界岭口、山西边外的穆纳山和大青山木厂。工部招募木商,先设立木商头,"部给木商头领十人执照,在口内砍木纳税,禁止本处人砍伐木植"。木商头也就是总商,木商要逐年或隔年向官府申请照票,经过批准才能领取。"其各商出口,先期具呈到部,取身家住址邻右并各商连名甘结,移咨兵部给批付商,照验出口。部给采木植批文,并移守关官确查出口人数,及进口木植数目报部"。在皇木采办的过程中,许多木商及地方官吏还收集那些由于不合要求而被遗弃的木材,供其他用途,其数量甚大,获利也颇丰。

历史证明,城市兴起之时,就是森林消失之日。明清两代大规模的皇城土木工程的建设,以及随之带来的大范围的皇木采办,从木材消耗的角度来看,对中国楠木资源进行了一次卷地式的扫荡,是使原来分布甚广而成林面积较大的楠木资源枯竭的重要原因之一。另外，进行大规模的皇木采办的地区多是湖广云贵等地区的山区，植被一旦遭受破坏，就会导致水土流失和次生灾害，且极难恢复。这对我国南方特别是西南地区的森林生态系统和野生动植物资源，造成了无可挽回的破坏。

3 木税的大量征收

明代的收税衙门称为钞关，钞关主要设置在运河与长江沿岸商品流通的地方。明代税关的设置兴废变化频繁，直到明代后期，部分税关才固定下来。明代实物税的征税对象主要是竹木柴炭之类，征税衙门叫作抽分局或抽分厂，由工部管理征收竹木各关。竹木税是明代财政收入的主要来源之一。明代各帝均征收竹木、果品、柴炭等税。

朱元璋称帝之前就在辖区内设置征收商税的机构，竹木十五取一，实物抽分，后改作三十税一。太祖立国即下令"麻亩征八两，木棉亩四两。栽桑以四年起科"。这大约是竹木税的开端。明洪武初年，在苏州府阊门、葑门、平望等处设过征收竹木的税关。洪武十三年（1380）罢天下抽分竹木坊，但到二十六年（1393）时恢复了税收制度，设立抽分竹局，后改为抽分竹木局，仍实行实物税及抽分之例。凡杉木、软篾、棕毛、黄藤，三十分取一。凡松木、松板、杉篙、杉板、檀木、黄杨、梨（栗）木、杂木、锄头柄、竹扫帚、猫竹、水竹、杂竹、木炭、竹交椅、笙竹、黄藤鞭杆，十分取二。在龙江、大胜港"俱设立抽分竹木局"。

明正统七年（1442）两京定例：每季按铺纳钞，油、磨、机、粉、茶、食、木植、剪裁、绣作等坊铺纳钞36贯。

清江厂，明景泰中期设置。"初差工部分司一员，驻扎清江浦，督造运船，兼管闸座，设抽分厂。凡船料、梁头、竹木、灰石等项，三十税一，以为供造漕船之需"。

明洪武、永乐间，主要有南京龙江、大胜港，以及北京城郊的通州、白河、卢沟、通积、广积七局，后来陆续增设真定、淮安、保定、芜湖、沙市、杭州、兰州，还有广东的南雄、清远、肇庆，广西的梧州等抽分局、厂。其抽分率各时期不同，各局、厂不同，同一局、厂，也因货物的种类、品质而各异。少者三十分抽一，多者二十分抽一。随着商品经济的发展，这种自然经济形态的实物税在成化以后也渐渐为银货币所取代。

明永乐初定制，鱼蔬水果等物非市贩者，俱免税。十三年（1415），令照例抽分。凡松木、柏木、椴柴、椴木、长柴、把柴、杂木、块柴、鞭杆、松木板、木炭、檀木、片柴、杉木板、猫竹、水竹、笙竹、杉木篙、车轴、车辆、车辐、杂竹、箭竹、黄藤鞭杆、杂木檐板、竹扫帚、石竹篾、梢柴等，三十分取六。凡棕毛、蒿柴等，三十分取三。凡杉木、黄藤、白藤、软竹篾、黄杨木，三十分取二。茅草、杂草、杂柴，三十分取一。芦苇柴，三十分取五。竹木草柴，无所不征，苛税繁多。

明洪熙元年（1425），增市肆门摊木器制品税课。从此无

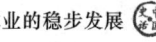

论坐贾或行商，凡经营竹木制成品，均须向所在课司投税。

真定府税课司并非税关，但在正统元年（1436），设抽分厂，"带管木植。""保定抽分，天顺间设"。据《续通考》载："英宗正统元年设真定抽分竹木局，令真定府税课司代管，凡本植抽三十分之四，编号印记，从滹沱河运出通州抽分竹木局交收。"明天顺年间又诏保定抽分令唐县委官至倒马关抽分木植二十分之六。又据《明会典》载："嘉靖元年奏准通州抽分竹木局，凡商贩黄松等木，曾经真定府九一抽取有印信执照者，止用九一抽分，通前合为二八，其未经真定抽分，仍用二八抽取。穆宗隆庆元年八月命太监陈学抽木于真定，勿以郡佐参预，四年通州等五局、除商贩竹、木、板枋等照旧抽分外，其驮运木柴、炭柴、草俱免抽税。"

成化七年（1471）增置杭州、荆州、芜湖抽分三厂，每岁工部都水司差官各一员管理。初，抽分竹木，止取钞，其后易以银，至是渐益数万两。凡竹木等物，每十分抽一分。选中上等按季送清江、卫河二提举司造船，次等年终至通州送器四厂造器皿，余卖银听用。后以竹木解运不便，各析抽价银，建昌连二杉板，每副抽银五两；清江连二杉板，每副抽银三两；连二松木板，每副抽银八钱；杂板，每副抽银四钱；真杉平板，每片抽银三钱。凡杉木每片抽银二钱，荆竹每根抽银二厘，笙竹（刚竹）每根抽银二厘，篙竹每根抽银一厘，白竹（鸡哺竹）每根抽银五厘，梳杯每籇抽银四分，桃花洞短杉板，每片抽银三钱，背阴板每片抽银二钱，南竹每根抽银五厘。该送清江、卫河二提举司者，径与支领。该送器皿厂、并原该卖银者,解部,召商买料转发该厂,及贮库听用。成化十七年(1481),又设兰州抽分厂。

通州张家湾设有征收木税的关口。明嘉靖年间,张家湾抽分厂由通惠河道管理。清康熙四十年(1701),"裁通惠河分司,通州木厂归通永道管理"。

清代在水路要冲和商品集散地设置收税口,清代前期人或称榷关,或称钞关。清代前期与明代一样,财政权力统归于中央。

清代榷关多沿袭明代,分属于户部和工部。按初制:凡征百货诸关归户部,征竹木船钞之类归工部,后来除归属不变外,在榷征内容上已很难分辨了。各关税则按船料和货物征收。税率总的来说是稳定的。据有人推算,清代的榷关税率大体浮动在货物价格的3%~6%。清代新设立的工部管辖征收竹木的税关,有潘桃口、胡纳胡河、渝关、武元城、盛京宁古塔、吉林等处。

潘桃口:顺治十六年(1659),"潘家、桃林等口,差满汉官各一人,笔帖式二人,驻扎该地方抽分木植,停止采木差官"。后潘家、桃林口抽分,改驻永平府,"并建设关口"。康熙十八年(1679),"潘家、桃林二口,仍差工部满司官一人、笔帖式一人,驻扎永平府抽分"。此时,潘家口与桃林口合二为一,称潘桃口。乾隆三十一年(1766),潘桃口的"六小口木税,归通永道经管,征收报解"。在水源丰富的滦河上游地区有大片森林,从上游采伐木材,沿滦河运输。早先官府"召募商人,自备资本,出古北口、潘家、桃林等口,采伐木植,运至通州、张湾地方,照数验收给价"。其后改为官方招募商人采伐，完全由商人雇工，自伐运输，将木材伐运交给市场，用收税方式进行管理。

胡纳胡河等处抽分厂：设立于康熙五十三年（1714）之前。康熙五十三年，"准胡纳胡河等处抽分监督，拣选盛京各部才能官员，开列职名启奏，一年更换"。

渝关：四川、重庆的木材，明代就有采伐。清代前期川境平定后，竹木伐运更加兴盛。康熙四十六年（1707），设立了渝关。

山西交城县武元城税关：雍正十年（1732）设立，并以湖南辰关征收木税之例，征收三年，酌中定额。乾隆时期，税关设置已经三十余年。乾隆二十八年（1763），保存武元城税口，又在故交村新设税口。

盛京宁古塔木税：在乾隆《大清会典》中记载："凡直省工关，应征木税，悉收折色，惟盛京宁古塔，或十五取一，以供工作，或十取其一，变价解京。"

吉林木税包括三姓、辉发、穆钦等处，官方文献中统称吉林木税。

明代税关设置，基本在长江、运河、淮河、赣江、广东三江等河及其支流沿岸，与当时的商品流通格局相一致。清代前期税关在数量方面比明代稍多，朝廷对税关进行整合，减少了管理官员的人数、财政支出，方便商人缴税，利于征管，使资源得到有效利用。清代的林业税关设置，主要是根据木材商品流通情况及资源而设立的，与明代后期为了追求税款而到处设关截然不同。

4 刘天和的"植柳六法"

刘天和(1479~1546),字养和,别号松石,谥庄襄,明湖广麻城(今属湖北)人。正德进士。历任湖州(今浙江湖州市)知府,总理河道,总督陕西三边,官至兵部尚书,政绩昭著。明朝何乔远在《名山藏》中称:"天和才而廉,所居官必有独创。"其求真务实、开拓创新的精神,尤可称道。

黄河迁徙无常,嘉靖初连年泛滥。大学士费宏等言:"黄河为患久矣!禹治洪水以河为先。汉、宋以来,皆专设行河之官,讲求治河之策。我朝河势南趋。"正德之末,黄河大股南趋之势从徐、沛悉入运河。黄河泥沙致使运道淤填阻塞,"京师岁收四百万之粮何由可达?官军数百万之众何所仰给?""今之治河不仅除其害,还兼资其利",要借黄河之水以济漕运。其时已先后有几位总河如章拯、盛应期、潘希曾、戴时宗,治水无效。在清代傅译洪辑录的《行水金鉴》中记载嘉靖十三年(1534)黄河南徙,冲决赵皮寨,南向亳、泗、归、宿之流骤盛,东向梁靖之流渐微。梁靖岔河东出,谷亭之流遂绝,自济宁南至徐、沛数百里,运河淤塞,国计乏绝。朝廷起用刘天和以都察院右副都御史总理河道。"始自中州,乃分遣属吏循河各支沿流而下,直抵出运河之口,逐段测其深浅广狭,纡直所向,而后得其要盖。"他认为"黄河之当防者,惟北岸为重",于曹县八里湾起,至单县侯家林止,接筑长堤各一道,筑堤以防冲决。尽管堤防之制并非理想方案,"然势不能废。盖虽不能御异常之水,而寻丈之水,非此即泛滥矣!"他说,"余行中州,历观堤岸,绝无坚者。且附堤少盘结繁密之草。"黄河北岸堤防有重复至四五道者,而往往冲决,因而他"为之忧虞,乃审思备询,而施植柳六法"。在他所著的《沟小集》中注明固护堤岸的植柳六法主要内容如下。

第一,卧柳。具体做法是在初春筑堤时,每堆土一层,就在堤内外两边各横铺铜钱粗和手指粗柳条一层,大约1尺远摆1根,不许稀疏,用土埋2尺多,土外只留约2寸,不许留长。这样从堤基一直栽到堤顶,不许间少。

第二,低柳。已经筑好的堤防,春初时在堤内外以木橛戳孔,然后插入柳条。插植距离,纵横各1尺。柳条边也选铜钱粗和手指粗的柳条,插入堤内2尺多,露于堤外约2寸,从堤基插到堤顶。

第三,编柳。在近河数里紧要处,不分新旧堤岸,在堤基用木橛戳孔,插植4尺长、鸡蛋粗的柳桩,六七寸一株,入土约3尺,土外留1尺多,要密植。隔一定距离卧栽较细柳条一层,土内约2尺,土外留2寸。柳桩上编柳条,先编5寸高,桩内填土筑实,再编5寸高,填土筑实,这是第一层,在这层上,退约5寸,再密植柳桩,同样卧柳和编柳,填土筑实。如果堤高1丈,如此栽柳10层即可。

柳树长成后,内则根株固结,外则枝繁叶茂,固护堤岸效果非常好,以上三种方法于黄河和运河通用。

第四,深柳。在离河数里水势大而且可能发生冲击的地方,应赶紧栽深柳。具体做法是:先准备长8尺、1.2丈、

1.6丈、2.5丈的木棒，用铁皮包裹下端，自短而长，依次在地上钉穴。再选2丈多长、下端鸡蛋粗的柳条插入穴内，用稀泥灌满孔穴，使不动摇。柳条露出土外长短不拘，但最少需2~3尺。插植距离，纵横各5尺。插植层数根据河势缓急而定，少则4~5层，多则10层。

第五，漫柳。波水漫流的地方难以筑堤，可沿河两岸植漫柳使形成柳堤。具体做法就是在河岸密栽小桎柳数十层，这种柳俗称"随河柳"。它不怕水淹，水涨时淹没水内，水退后淤积泥沙，每次河水涨落可淤泥数寸至1尺。柳树越长越高，淤泥越积越厚，数年之后即形成柳堤。此法用于黄河岸边。

第六，高柳。在堤内外成行栽植粗长柳桩，从河堤两岸密植。数年以后，茂密的防护林带形成漫长牢固的两条绿色屏障，强有力地抵御洪流冲刷，漫流侵蚀，防止水土流失。

刘天和正是以林木畅茂言水利，其固堤植柳六法自古及今反复验证，卓有成效。由此可见，当时已经有十分丰富的营造堤岸防护林的经验。

植柳固堤，先秦以来历代都有记载，历代植柳固堤的经验是极其丰富的。刘天和始创"植柳六法"，继承和发展了历史的经验，后世予以高度评价，不断传承并加以充实。明代水利家万恭曾说："植柳固堤，'六柳之法'尽之矣！""从张家湾以及瓜（州）、仪（征）循河二千余里，万历初，植至七十余万株。后来者踵行之。"

刘天和"植柳六法"实质上是生物抗洪工程，如"深柳"，特为抵御倒岸冲堤的洪水，也就是水土保持措施。又如

"漫柳"密植多年形成黄河大堤，由于柳树根系长，须根密，深扎堤内，盘根错节，交织成网，成排柳树得以固定河漕，控制水流。这是改善生态环境的绿色工程，夹堤栽柳，高下成行，堤柳拥堤，园柳成片。又是营造优美景观的途径，淡烟笼翠，翠荫交加，荫蔽天日，云光四幕，莺簧蛙鼓。还是供应柳枝资源基地，柳林年久茂密，资源愈益雄厚。但是长江堤防植树，其林带布局与黄河不同。要防止柳根腐烂生蚁，致使堤溃。要在堤外植柳，离堤七八丈。这是长江、汉水堤岸防护林带的特点。

5 民间的智慧：龙泉码的发明

杉木是生长迅速而且用途广泛、利用价值很高的树种，宋元以后就开始大量栽培，到明代已成为中国南方最重要的商品材。随着杉木交易的发展，需要一种比较精确简便的测定材积的方法。明末清初，在长江流域杉木市场出现了计算材积的"龙泉码"，这一木材计量方法是龙泉（今江西省遂川县）郭维经父女发明，因此得名。

郭维经（1588～1646），江西龙泉人。其家乡龙泉为江西省重要的杉木产地，郭的长女嫁给龙泉邻县泰和县马家洲肖氏。马家洲为附近诸县木材集散地，因此郭维经父女认真研究了杉木的计量问题。郭氏父女以"两"为基本单位计算材积，1两为10钱，1钱为10分，1分为10厘。围径1尺的杉木材积则为龙泉码3分，围径每大半寸，材积加5厘。故一量杉木周围就可得知材积,十分简易方便,比按照根、堆来计量要精确得多。

这种"龙泉码"计材方法得到推广使用,广泛应用于中国南方地区的杉木检量。龙泉体系在中国一直使用至20世纪50年代初,1954年中国木材计量改用公制,1960年林业部颁布了杉原条标准和杉原条材积表,龙泉码价表同时废除,但在一些杉木产区,林农自采自销木材时仍然使用。尤其是进一步细分后的龙泉体系共分120级,和评估体系(码价)相对应。码价用货币单位两或银两来表示(码价不是实际价格的货币单位,而是木材价格单位的价码,是一种特殊的材积单位)。清末至民国,木材计量技术采用"龙泉码"时一般用竹篾制的滩尺量其周围。其滩规将其分为八种情况必须让篾或让码:短、弯、尖、疤、槽、空(可分为干空、根空、梢空、鸟眼、鱼鳃5种)、破、烂,每种情况均有不同的让篾或让码方法,较之前两种方法均有很明显的进步。龙泉码价的应用对南方杉木产区木材贸易曾做出巨大的贡献。

"龙泉码价"作为中国古代发展最成熟的材积检量体系,比欧洲的同类计材方法早300多年,是世界上最早的木材计量方法。

6 魏源的"游山学"

森林旅游,指的是人类在森林区域内,依托森林及与森林共存的自然资源,进行的以旅游、休闲、健康、养生为宗旨的

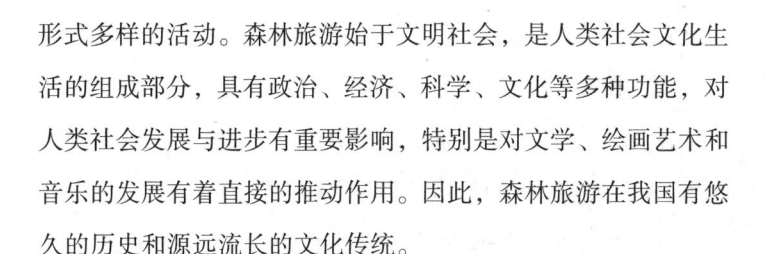

形式多样的活动。森林旅游始于文明社会，是人类社会文化生活的组成部分，具有政治、经济、科学、文化等多种功能，对人类社会发展与进步有重要影响，特别是对文学、绘画艺术和音乐的发展有着直接的推动作用。因此，森林旅游在我国有悠久的历史和源远流长的文化传统。

当人类社会形成之后，随着城市增多、农耕区拓展，生态环境有所变化，植被减少，森林成片消失。由于社会生活中的种种矛盾的激化，以及道家文化和宗教思想的影响，一些避世的隐者、失意的政客、清高的文人、求道的修士，厌倦了城市的喧嚣，向往岩栖山居的生活，率先回到人类诞生的摇篮——森林。他们或辟谷导引、修身养性；或登岭长啸、抚琴高歌；或耽爱山水、歌咏自然；或耕作自给、安贫乐道；或著书立说，传诸后世。这种乐山乐水、怡然自得、单纯朴素、与自然相亲的林间生活，不仅开创了岩栖山居的森林旅游传统，营造出了丰富多彩的山居文化、山水文学，而且还留下了诸多包含种植技术、养生之道、医药常识等的山居科学著作，如《宋史·艺文志》所载《山居要术》《山居杂要》《山居种莳要术》，元代汪汝懋《山居四要》等。可以说，这些追求隐逸之士，是我国较早的风景林区开发者和森林美学欣赏者。

除了隐逸之士外，古代学者和官员中，有不少人为了学术考察或公务经历了名山大川，其活动之中也带有森林旅游的成分。其中，清代士林中"足迹几遍域中"的思想家魏源（1794～1857），开拓性地提出的"游山学"理论，在中国旅游文化与旅游发展史上,具有深远的意义。魏源曾畅游神州名山大川,被龚自珍称赞为"读万卷书,行万里路;综一代曲,成一家言"。他不仅有大量的地理著述,而且对游山有独到的见解,即"游山学"理论。

分析魏源的"游山学"理论可以发现,森林旅游是山水旅游、山水审美的重要组成部分:山水之中包含森林,对旅游的热爱同样也包括对森林旅游的肯定;同时,山水旅游也离不开森林,没有了绿色森林的山水,是不完美的山水,无法给予旅游者足够的审美享受。森林旅游是山水旅游与审美的重要板块,二者同为一体、相辅相成。例如,魏源的《游山吟八首》中曾提到"特立山之介,空洞山之聪。渟蓄山之奥,流驶山之通。泉能使山静,石能使山雄。云能使山活,树能使山葱。谁超泉石云树外,悟入介奥通明中?";在《游山后吟六首》中描写五岳诸山之时,又提到"崖高高,水深深,天苍苍,地阴阴,万松万石风泉吟"。可见,在魏源看来,森林与泉、石、云一起成为一个有机体,构成了山水特质的四个基本要素,缺一不可;它们之间的相互作用,可以产生不同的审美效果。

魏源的山水诗是其"游山学"的真实体现。魏源的家乡在山川秀美的湖南邵阳,他自幼徜徉于山水美景之中,与山水审美、山水文化、森林旅游有着不解之缘,这也成就了其后来山水诗作的风格与审美情趣。他自称自己的作品"十诗九山水"。在魏源的山水诗中,同时包含了大量对于森林资源的描写和对森林美景的赞美:"青山不知何日生,白云不知何日横,青春不知何日老,惟有黄鹏夏木嘤嘤鸣",充分描写了山水林间之乐;"一游胜读十年画,幽深无际谁能如。假山叠石似胜画,又恨烟霞泉树无",赞美了烟霞泉树的绚丽多彩,这是一切人造假山园林景色所无法比拟的;"四周松拱立,诗挟万涛吟""花径晓弥处,风林宵自吟",则描绘了在山林之间心情愉悦、文思泉涌的美好心态;"平生爱山兼爱夜,科头入定长松下。水中藻荇是山林,直以长空为夏庌",描绘了山间朦胧的月色、错落的树影,亲身徜徉其间,静观自赏浮想联翩,景美心境更美,"世上万年乐,不及一山夕"。魏源的挚友、著名外交家郭嵩涛曾经盛赞魏源的游山诗"山水草木之奇丽、云烟之变幻,瀹然喷起于纸上,奇情诡趣,奔赴交会"。

魏源出于对祖国河山的挚爱,从自身审美体验出发,明确地提出了"游山学"理论。这标志着我国的山水美学、山水旅游,从具体的审美经验开始上升为科学的理论。进一步来说,尽管魏源的"游山学"还不够完备,也未能提出森林旅游或森林审美的概念,但其提倡的山水旅游之中,已然蕴含着森林旅游的成分在内,而且是山水美学中不可分割的重要因素。魏源的"游山学"理论,是传统山水美学的一份重要遗产,在中国旅游文化史上有着划时代的意义。当前,我国森林旅游方兴未艾,在追求亲近自然、向往美好环境的今天,森林旅游作为一项具有悠久历史传统的事业,必将随着社会进步和生态环境建设,为人们带来更多的审美体验与健康快乐。

7 农林科技历史名著涌现

明清时期，伴随着商业性木材、花卉、园艺和果树市场的发展，相关领域的技术得以大大改进和完善，人们关于森林的基本理论、树木栽培、森林利用的许多认识都达到了相当的高度，一大批总结历史经验、反映时代发展的农林科技名著涌现。如《种树书》中的桑树栽培技术，《本草纲目》中的林产药材利用，《天工开物》中的树木燃料炼制方法和木制车船的修造，《工师雕斫正式鲁班木经匠家镜》中关于明式家具制造技术的描述，《植物名实图考》中关于各种树木性状的记述，等等。这些农林科技文献记载，在具体实践基础上总结了我国古代许多先进的林业生产技术，对于研究中国古代科技史具有重要意义。

有关园艺观赏植物栽培的代表著作，有清代陈淏子的《花镜》。全书共 7 卷，卷一为"花历新栽"，包括观赏植物的分栽、移植、扦插、接换、压条、下种、收种、灌溉、培壅、整顿 10 个方面，全面而细致地记载了全年 12 个月观赏植物的栽培技术和理论；卷二为"课花十八法"，包括课花大略、辨花性情法、种植位置法、接换神奇法、扦插易生法、移花转垛法、浇灌得宜法、培壅可否法、治诸虫蠹法、变花催花法等，对观赏植物的栽培、原理和管理方法作了阐述，是全书的精华所在。卷三至卷六分别为"花木类考""花果类考""藤蔓类考""花草类考"，实际上为栽培各论，分述花卉、果木、蔬菜、药草的生长习性、产地、形态特征、花期及栽培大略、用途等。附录为"养禽鸟法、养兽畜法、养鳞介法、养昆虫法",记载了常见园林动物的饲养管理方法。陈淏子在《花镜》中指出:"树以皮行汁,斜断相交则生。"准确地表述了植物嫁接成活的内在机制,这完全符合砧木与接穗通过木质部和韧皮部的营养输送而嫁接成活的原理,说明清代对嫁接生理已有较深的认识。他还强调了植物在引种和移栽过程中的"土宜"问题,指出:"生草木之天地既殊,则草木之性情焉得不异!故北方属水性冷,产北者自耐严寒;南方属火性燠,产南者不畏炎威,理势然也。……荔枝、龙眼独荣于闽粤;榛、松、枣、柏尤盛于燕齐;橘、柚生于南,移之北则无液。"明确指出了植物的引种与移栽必须要考虑植物的生物学特性。

有关果树栽培方面代表性的著作,有清代张宗法的《三农纪》。全书24卷,内容包括天象、月令与气候、水利、土壤、环境与物产、救荒、谷类、瓜类、蔬菜类、果类、纤维类、油料类、染料类、林木类、草类、药用植物类、家畜家禽、鱼、放养的虫类动物以及屋舍的修建、农事的安排、修身养生等,其中涉及果木栽培内容尤为精彩。如张宗法提出了桃树栽培的周而复始种植法,指出:"先种一行桃树,稀留空所,待于三年空中另种一行。如此伐老生新,新茂伐老。"就是说第一行桃树衰老而结果稀少时可伐去,第二行桃树已成长起来,可替代老树。张宗法还将《齐民要术》中的"嫁李法"应用于桃和石榴等果树的培育上,以提高果树的产果量。他还针对果实保存的技术问题,提出了科学的保存石榴方法:"拣美者连枝摘下,安新瓷缸中,以纸密封十余重,盖之。至春秋取出犹新。"此法较好地解决了石榴保鲜、防腐的技术问题，对今日的果实储藏仍有一定的借鉴意义。

有关木材加工利用方面代表性的著作，有明代午荣编纂的《工师雕斫正式鲁班木经匠家镜》。全书有图 1 卷，收录绘图 22 幅；文 3 卷，首先介绍鲁班先师源流，然后主要介绍行帮的规矩、制度以至仪式，建造房舍的工序，选择吉日的方法，并说明了鲁班真尺的运用，记录了常用家具、农具的基本尺度和式样，记录了常用建筑的构架形式、名称以及一些建筑的布局形式和名称等。其书虽然对技术知识的介绍比较笼统，但却保存了珍贵的明代木工行业专用术语。尤其是其有关家具的文字，是关于明式家具最经典的文献记载。

涉及大量农业生产和林副产品加工的著作，有明代宋应星的《天工开物》。该书是世界上第一部关于农业和手工业生产的综合性著作，它对中国古代的各项技术进行了系统的总结，涉及机械、砖瓦、陶瓷、硫黄、烛、纸、兵器、火药、纺织、染色、制盐、采煤、榨油等众多方面的生产技术。其书分上中下三卷，每卷后面附有绘图，作为文字说明的补充。其中许多内容涉及林业生产技术和森林利用。如"彰施"讲述植物染料及染色方法，对蓼蓝的种植和蓝靛的提取、从红花提取染料的过程叙述得比较详细；"甘嗜"讲述种植甘蔗及制糖、养蜂的方法；"舟车"用数据标明了船舶和车辆的结构构件和使用材料，同时说明各种船、车的驾驶方法，详细介绍了大运河上航行的运粮船"漕船"；"膏液"讲述植物油脂的提取方法，杀青主要讲造纸技术，丹青主要讲墨和颜料的制作。

有关园林建筑方面的代表性著作，有明代计成的《园冶》。该书是中国古代造园专著，也是中国第一本园林艺术理论的专著。全书共3卷，附图235幅。第一卷卷首冠以《兴造论》和《园说》，是全书的纲领和立论所在，即造园的思想和原则。其后，有《相地》《立基》《屋宇》《装折》《门窗》《墙垣》《铺地》《掇山》《选石》《借景》十篇，其内容各围绕篇目主题展开述论。例如，第一篇《相地》列举山林、城市、村庄、郊野、宅旁、江湖等不同环境中的园林选址和景观设计要求。第二篇《立基》重点叙述各类园林建筑以及假山选址立基的艺术和技术要领。第三篇《屋宇》，分述了各类建筑名称、功能以及梁深结构类型、变通方式后的图式。第四篇《装折》即装修，说屏门、天花、门窗隔扇等可折装木作的式样与做法。第五篇《门窗》讲述园林建筑门窗多种外形轮廓与做法。诸如此类关于园林兴造技术的记录，全面且严谨。在十篇的论述中，相地、立基、铺地、掇山、选石、借景篇是专门论述造园艺术的理论，也是全书的精华所在。《园冶》是计成将园林创作实践总结提高到理论的专著，全书论述了宅园、别墅营建的原理和具体手法，反映了中国古代造园的成就，总结了造园经验，是一部研究古代园林的重要著作，为后世的园林建造提供了理论框架以及可供模仿的范本。

有关农林生产的综合性专著，有明代徐光启编纂的《农政全书》。其书博采前人相关著述，加以个人的议论，分农本、农事、水利、农器、树艺、蚕桑、蚕桑广类、种植、牧养、制造、荒政，共十二门，每门下又分若干子目，是我国传统农学的一部综合性巨著。《农政全书》对发展农业生产的政策、制度、实施措施等进行了专门论述，尤其突出了屯垦、水利和荒政三方面的内容，这是以前农书中从未有过的，但全书最有学术价值的是"树艺""种植"等目所记载的植物及其栽培方法。徐氏以其谨慎的科学态度，广征历史文献，加之实地调查，乃至亲自试验，因此书中所记植物之形态、特征、价值及栽培方法，大多信而有征。徐氏非常重视林业生产，他在《经史典故》中援引周制"还庐树桑"；在《诸家杂论》中援引茨充为桂阳令，教民益种桑柘，数年之间大赖其利；在《国朝重农考》中，征引明朝皇帝如何重视林业的政策，如明太祖朱元璋屡次下诏，令农民"相其土宜，广植桑枣"。总体来说，徐光启的林业思想主要有两个方面：一是注重林业的经济价值。如他通过亲身的调查研究认为，乌桕树收子取油，甚为民利，如能种植乌桕树数株，"生平足用，不复市膏油也"；并指出临安郡中田畔种植乌桕，既能收取桕子，又不妨碍农业生产，可减租赋之重压；其乌桕榨油后的残渣可以用来壅田，其叶可染皂，其木可刻书及雕造器物，等等。二是重视林业技术。在具体树木栽培、抚育方面，他主张利用嫁接、压条繁殖、扦插繁殖技术等来培育良种，提高产量，延长果木寿命；利用修剪枝条的方法来培植高大通直的木材；主张要及时采集树木种实，妥善贮藏，以备种植使用；他详细叙述榨取木油、造漆等林产加工技术。

有关植物分类的综合性专著，有清代吴其濬的《植物名实图考》和《植物名实图考长编》，二书博采前人研究成果并有所发展和提高，开近代植物志的先声。《植物名实图考》附有精细的插图，描绘得颇为逼真；《植物名实图考长编》附录了历代有关的重要文献，或全文附录或详细摘录。其中，《植物名实图考》集吴氏研究之大成，收录内容多，最具代表性。其书共38卷，分谷类、蔬类、山草、湿草、石草、水草、蔓草、毒草、芳草、群芳、果类、木类等12类，每类分若干种，叙述其名称、形、色、味、品种、产地、生长习性、用途等，这些占了一半的篇幅，著录的每种植物均经本人亲自观察、考证，修正了过去本草书中的许多错误。另一半由1741幅图组成，绘图生动、准确，有的甚至可以据之鉴定植物的科和目。作者利用巡视各地的机会广泛采集标本，足迹遍及大江南北，书中所记载的植物涉及我国十九个省，尤以云南、河南、贵州等省的植物较多。而这些植物中很多都是森林资源，作者不仅介绍了这些植物的基本概况，还有具体利用的描述，颇有价值，如："十月子熟去壳，取米曝干，碾磨蒸熟，用篾箍棕皮包之，如鼓样。榨取油，灯烛皆资之。榨油之法各异，以包置榨间，上下夹木板，以木杠撞击取油，曰撞榨。置大木于榨顶，用巨绳滚纽，曰绞榨。榨前悬大木正撞，声如霹雷，山鸣谷应，曰千斤榨。又有用二木空中置二板，中夹油包，左右用檗木撞，曰撞取。"详细描述了榨取桐油的具体过程。《植物名实图考》所记载的植物在种类和地理分布上，都远超历代诸家本草，对我国近代植物分类学、近代中药学的发展都有很大影响。在植物学知识之外，在森林资源、林产利用以及园艺等方面也提供了可贵的史料。

八 近代林业的初步建立

从清道光二十年（1840）鸦片战争开始，中国沦为半殖民地半封建社会，政治、经济、文化等都发生了巨大变化，中国步入近代社会。晚清时期，陆续有一批青年学生赴外国攻读林学，来华的外国传教士、商人和学者也带来一些林业知识，中西林业科学交融，为近代中国林业打下了基础。

1 第一部《森林法》

辛亥革命后不久，农林部明确规定林政方针为：凡国内山林，除已属民有者由民间自营，并责成地方官监督保护外，其余均定为国有，由部直接管理，各该管地方官就近保护，严禁私伐。

民国3年（1914）10月3日，北洋政府公布中国第一部《森林法》，分为总纲、保安林、奖励、监督、罚则、附则6

民国 11 年（1922），四川成都颁布的禁止砍伐街道树木布告

注：转引自"四川在线"网站：http：//sichuan.scol.com.cn/fffy/content/2014－03/11/content_ 7054614.htm? node＝89

章，共 32 条。其主要内容包括 5 点，分别为无业主森林的归属、保安林的设立与解除、鼓励个人或团体承领官荒山地造林、为公益起见地方官署可禁止或限制在公私有林内开垦并可限期强制造林以及对盗窃、烧毁和损害森林者视情况不同而给予各种处罚的规定。

《森林法》是指导一切林业活动的总章程，是林业的基本大法，是制定一切林业法规的依据。后来，国民党政府又两次修订森林法并予以公布。北洋政府制定的这部森林法，虽然内容很不完善，但作为中国第一部森林法，可以看作中国林业法规的先声。

2 植树节的确立

光绪二十四年（1898），戊戌变法后，维新思潮风靡一时，许多有识之士主张发展实业，提倡植树造林，朝野人士纷纷响应。民国初年，一些从国外归来的学者和在中国的一些外国学者也在一些城市中宣传植树造林的重要意义，并编印、散发了一些宣传林业的小册子，在青年中产生了很大影响。民国4年（1915），北洋政府农商部提倡在全国范围内植树造林。同年，北洋政府采纳学者建议，规定每年清明节为植树节，在北京和全国各地广为植树造林。

民国5年（1916）清明节，是中国第一个植树节，在北京颐和园北的薛家山举行了盛大的植树典礼，当天栽植了侧柏树数千株。各省、县也举行了植树仪式，栽植了很多树木。从此以后，每年清明节，全国各地政府、机关、团体、学校人员都参加植树活动。

北伐之后，南京国民政府取代了北洋政府，首都由北京迁

民国10年（1921），浙江温处道玉环县清明植树留影

往南京。鉴于气候原因，同时也为纪念总理孙中山，民国17年（1928）4月，国民政府废止北洋政府所定的以清明节为植树节，而确定在每年3月12日孙中山逝世纪念日举行植树仪式，并开展植树造林。

民国18年（1929）农矿部公布《总理逝世纪念植树式各省植树暂行条例》，规定各省、县（市）每年植树节植树式要栽植一定数量或一定规模的树木。要求政府各机关长官职员，各学校师生以及地方团队、民众一律参加。植树造林的地点选在当地的荒山或堤岸、道边。植树式所植树木由地方公安局和林业主管机关负责保护管理。植树式所需经费由各省、县（市）长官负责筹拨。

民国 18 年（1929）2 月，农矿部规定每年 3 月 11 日至 16 日为造林运动宣传周。民国 19 年（1930）造林运动宣传周期间，农矿部将陈嵘等林学家撰写的宣传林业的文章印刷、散发。凌道扬等在一些学校和教育馆举行演讲会，同时放映电影、幻灯片普及林业知识。中央大学农学院和金陵大学农林科的部分学生还组成植树造林宣传队，在南京城内和郊区等地进行宣传。一些省的宣传声势很大，广东省建设厅农林局先后编印了关于各种树种的造林方法以及造林护树须知的各种小册子，免费向民众散发，宣传植树造林的好处、技术和有关规定，办理林业事务咨询，为民众解答各方面的问题。民国 20 年（1931）农矿部还发布了提倡造林的标语口号。

南京每年的植树式在中山门外举行。除首都外，各省、县（市）每年 3 月 12 日也举行植树式和造林运动。

民国 32 年（1943）南京国民政府行政院公布《植树节举行造林运动办法》，规定首都和各省、县于每年 3 月 12 日举行植树节仪式，讲演造林、保林常识，并开展植树竞赛，所植树木由当地林业机关负责抚育经营。

南京国民政府虽然号召为纪念孙中山开展植树活动，但未采取切实的措施。虽然有一些林业学者和林业学校师生大力宣传，但实际上人民群众并未真正发动起来，尤其是这项活动只在城市开展而未在广大农村开展，所以每年植树数量有限，种植后又无人抚育保护，劳民伤财，收效甚微。

3 林学的形成

中国古代林业科学技术有相当发展，鸦片战争以后，欧美和日本的林业科学传入中国，它们与中国传统的林业科学交融，形成了多分支的近代林业科学技术，林业试验研究也逐渐开展。

中国近代林业科学技术形成了包括树木学、造林学、森林经理学、测树学、林政学、森林保护学、森林利用学、木材学、林产化学等分支的比较完整的近代林业科学体系。其中树木学、造林学、木材学、森林利用学发展较快。

中国古代学者撰写了许多有关植物学的著作，多从药物学角度研究植物，譬如前文所提到的吴其濬所编著的《植物名实图考》和《植物名实图考长编》，开近代植物志的先声，受到国内外学者的推崇。近代以来，钟观光、陈焕镛、陈嵘等学者不辞辛苦地采集标本，鉴定研究，为中国树木分类学奠定了基础。陈嵘于民国26年（1937）出版《中国树木分类学》一书，此书以记载乔木为主，也有少数习见的灌木，共收录2550种树木，书中许多图是根据标本直接描绘的，此书是近代第一部全面记载中国树木的专著。

中国自古以来就积累了相当丰富的培育森林的经验，中国南北各地在实践中形成了一些简单易行的培育森林的良法。道光二十六年（1846）包世成撰写的《齐民四术》有较多篇幅记述了树木栽培技术，这些育苗造林的技术在今天看来，大部分合乎生长发育规律，仍有现实参考价值。清末海通以后，外国提倡植树造林的思想传入中国，民国以后有较多学者发表关于植树造林的论著，一些学者将中西造林技术结合，创立了具有中国特色的造林学。民国23年（1934）陈嵘出版《造林学概要》和《造林学各论》两书。前者主要讲造林的基本理论，后者用丰富的资料按树种详细论述了林业的性质和造林法。民国33年（1944）郝景盛出版《造林学》，理论与技术并重，分生态和技术两篇。民国38年（1949）陈植出版《造林学原论》，此书为当时大学森林系教学用书。

有关森林利用的著述很多，唐耀对中国木材做了细致的解剖观察和研究，为中国木材学的创立做了许多开拓性的工作。民国25年（1936）出版了《中国木材学》一书，此书为中国近代第一部关于木材学的专著。梁希将德国和日本的林产化学的理论和技术引入中国，并做了很多科学实验，创立了中国林产制造化学。

晚清时期开始开展林业实验研究，多偏重于育苗和栽培果树且规模较小。辛亥革命以后，林业实验研究工作仍然不被重视。民国初年，有些学者开始考察森林，并做了一些研究工作，成立了3处林业实验所和林务研究所，民国21年（1932）中央农业实验所成立森林系，民国30年（1941）成立中央林业实验所。

但当时林业科学未能与林业生产密切结合，林业科学未能用于指导林业生产，虽也设有林业技术推广机构，但推广工作未全面展开，因而林业生产仍然是落后的。

4 林业教育的兴起

林业教育早已存在，但在古代传播的方式是原始的，范围是狭小的。18世纪后期，林业技术及其理论在西欧已作为一门科学而设立学校，进行系统教学，19世纪扩展到了俄国、美洲，之后又扩展到了亚洲及其他地区。我国正式设置林业教育机构进行系统讲学始于清末。

从19世纪末起，清政府陆续派出一些青年学生赴欧美和日本等地攻读林业科学。凌道扬、陈嵘、梁希、侯过、姚传法、李寅恭等学者归国后成了中国近代林业教育的开拓者。

清末废除科举，仿效东西各国兴办各类学校。光绪二十九年（1903），清政府采纳张之洞、荣庆、张百熙的建议，兴办学校（其中包括农林学校），正式建立学制规程，成立了高等、中等、初等农业学堂等，均设林科。后来由于维新运动的失败，林业方面教师和教材缺乏，大学中的林科，在整个清朝末年均未得以实现。只是在相当于大专或中专的农业学堂内，设置了林科课程，招收学生。高等农业学堂的学历低于大学，招收18岁以上的中

中国林业先驱梁希先生像

学毕业生，学制3年，目的是传授高等农业学艺，使其将来能经理公私农务产业，并可充任各农业学堂之教员、管理员。中等农业学堂相当于中学程度，招收12~15岁的高小毕业生，学制2~3年，主要讲授农林必要的知识与技能。初等农业学堂相当于高小程度，附设在中等实业学堂及普通中学内，招收13岁以上初级小学毕业生，学制3年，传授最浅显的林业知识与技能。此外，还有一种农林小学堂，主要设在边远的山区或牧区。

辛亥革命胜利以后，中国新兴的资本主义开始逐渐兴起，农林业生产发展迅速，对大批技术人才的需求促进了林业教育的发展。整个民国时期林业教育均未独立成为一个体系，而是和农业教育为一个系统。民国时期的高等林业教育，是在大学的农学院里设置森林系或在农业专门学校里设置林科。民国初年，全国大学中设置林科最早的是北京农业专门学校（1914），该校在民国12年（1923）改为国立北平农科大学，设有森林系。在北洋政府时期，全国共有8所大学的农学院设森林系。在南京国民政府时期，又有几所高等学校增设森林系。在抗日战争时期，这些大学有的改组，有的内迁或暂时停办。抗日战争胜利后，各校纷纷返回原地，但因历史原因，整个林业教育处于瘫痪状态。1948年，在解放区成立了第一所也是唯一的一所森林专科学校，校址在山西省沁源县灵空山。

到1949年，全国有9所农业学校设有林科，有24所大学设有森林系。

在旧中国，林业教育的发展是畸形的，高等林业学校多，中等林业学校少，未设林业技工学校，林业教育发展不协调，各林业学校学生都很少。林业学校在教学上偏重林业科学理论的讲解而忽视实际生产技能的传授，林科毕业生不能解决林业生产中的实际问题。

民国以后，林业教育才有所发展，并开始在农业大学设置林科（森林系或林学系）及配以实习林场、苗圃，进行系统讲学。这是我国正式有林业教育的开始。高等林业学校是民国以后才开始设立的，课程科目大多搬用外国的。随着清末派出国的留学生陆续回国，他们大多数从事教育工作，逐渐改变了晚清时期主要聘请外国人讲课的局面。各学校教师主要为中国学者，他们实地调查研究，开展科研，发掘林业历史遗产，总结林业生产实践经验，参考外国资料，在分类学、林学、林产利用学方面做出了一定的贡献，编写了一批比较切合中国实际的教材。他们为中国近代林业教育事业的发展打下了坚实的基础，对推动中国近代林业的发展起到了积极作用。

5 列强对东北森林的掠夺

我国古代森林资源相当丰富，虽然经历了数千年的砍伐滥采，但在清末以前，东北森林仍有"窝集"之称，西南森林仍有"树海"之称。1840年帝国主义入侵后，我国木材被大量采伐，特别是东北林区，采伐规模最大。

东北林区的森林以吉林省为最多，黑龙江省占1/3，辽宁省最少。东北林区的采伐先从鸭绿江西岸开始，逐渐伸展到图们江、松花江和大兴安岭、小兴安岭。

光绪二十九年（1903），中日合办的经营伐木的义盛公司在安东（今丹东）和朝鲜汉城成立。此时俄国也与清政府订约合办鸭绿江森林公司，并派兵驻通化，一面收购当地采伐的木材，一面投资经营采伐，并捞取鸭绿江中的漂木，以兵力、财力相辅而行。此时，中日合办的义盛公司也不能与之抗衡，日俄矛盾从此日益尖锐。日俄战争以俄国失败而告终，中国东北成了日本帝国主义的势力范围。光绪三十四年（1908）成立了中日合办的鸭绿江采木公司，从而垄断了鸭绿江流域的木材采伐。日本原与中国官商合办的木植公司就此倒闭。

无论是义盛公司还是鸭绿江采木公司，名义上是中日两国合办，实际上是日本一方的企业。鸭绿江采木公司，虽然资金、人员两国各出一半，但实权由日本人掌握。该公司又于东北各地设分局与分所10余处，公司有专采专卖权，从此，鸭绿江江岸数十里以内的森林，遭到了掠夺式采伐。

第一次世界大战结束以后，日本资本家趁机侵入松花江上游林区，以中日合办的形式成立了数家林业公司，以吉林为木材集散地大肆采伐森林。

早在光绪五年（1879），俄国的资本家就进入图们江林区采伐，所伐木材运往海参崴，以供城市建设和轮船燃料。日本占领东北以后，所伐木材则运往朝鲜和日本。

光绪二十三年至二十九年（1897～1903）俄国在中国东北修筑了中东铁路。铁路沿线森林被大规模采伐，不受任何限制。中东铁路沿线约50里范围内，森林已被伐光。

九一八事变后，东北成了日本帝国主义的殖民地，日本人对小兴安岭的原始森林进行了采伐，还在林区内铺设了森林铁路，设立了制材厂，采伐规模甚大。

6 孙中山的林业思想

孙中山是一位伟大的革命先行者、政治家，又是一位卓越的经济学家。他认识到森林在国家建设中的重要作用，因而将发展林业列入他的"实业计划"。为了提高人们的认识，他全面论述了森林的重要性，提出发展中国林业的设想，主张在全国范围内大规模造林，并开发利用原有的森林。

民国7年（1918），孙中山写成《实业计划》（即《建国方略》的第二部分《物质建设》），阐述了发展中国实业的途径、原则和计划，其中包括关于造林方面的建设计划。他分析了中国森林的分布情况，发现北部和中部最缺少森林，水旱灾害严重，因而提出"于中国北部及中部建造森林"。他洞察了森林"只采不造"的严重后果，因而大声疾呼"要造森林，要造全国大规模的森林"，着重指出了森林能涵养水源、保持水土、防止水旱灾害的科学道理。

在《实业计划》中，孙中山提出对各省的荒山荒地进行

民国17年（1928）3月12日，民国元老于右任在中山陵植树

勘测。他并不主张将所有"荒废未耕之地"都垦为农田，单纯发展种植业，而是要合理利用土地资源，农林牧矿全面发展。

因林业具有投资规模大、经营面积大、经营周期长等特点，而且森林具有国土保安作用，故孙中山主张林业由国家经营，为了调动地方的积极性，也给地方一定的利益。

孙中山一方面主张大规模地造林，另一方面主张开发原有森林，并且把修筑铁路和开发森林结合起来，以解决木材等林产品的运输问题。

孙中山主张有计划地发展制材工业，运输成材，以节省费用。对于木材造纸和节约薪柴问题，孙中山提出用芦苇造纸和以煤炭电力或煤气代替薪柴的设想，至今仍具有参考价值。

孙中山关于发展林业的思想颇有远见，遗憾的是他的治林思想在后来未得到认真贯彻施行，一直到民国38年（1949）国民党政府结束在内地的统治时，孙中山关于"造全国大规模的森林"的遗愿始终未能实现。

7 革命根据地的林业

中国共产党自独立领导革命以来，一直十分重视林业建设，在土地革命战争时期、抗日战争时期、解放战争时期，革命根据地和解放区人民政权把保护森林和植树造林工作摆在重要的位置上。在极端困难的环境里，根据地军民在共产党的领导下，一手拿枪同国民党军队和日本侵略军做坚决的斗争，一手拿锄头发展生产，植树造林，建设革命根据地。根据地政府改革森林所有制，制定林业政策法规，建立林业管理机构，努力发展林业生产。

土地革命战争时期，1931年中国工农红军建立了中央革命根据地，同年成立中华苏维埃共和国临时中央政府。1933年4月，中央工农民主政府设国民经济委员部，林业由该委员部总管。同时，1928年公布的《井冈山土地法》规定：茶山和柴山照分田的办法，以乡为单位平均分配给当地农民；竹木山归苏维埃政府所有，经政府许可后可以砍伐利用。此后公布的《兴国土地法》，有关林权的规定与之相同。1928年以后，中国共产党在各革命根据地实行土地改革、调整林木所有制的同时，大力提倡群众植树造林，绿化荒山。1928年，毛泽东于江西永新倡导造林；1932年3月，在中央苏区的江西瑞金，中华苏维埃人民委员会召开第十次常务委员会，通过《中华苏维埃人民委员会对植树运动的决议》（以下简称《决议》），《决议》指出，第一，由各级政府向群众做植树运动的广泛宣传，说明植树的利益，发动群众种植各种树木；第二，沿河两岸和大路两旁应种植各种树木，适宜种树的荒山应尽可能种树以发展森林，旷场空地都应种植树木；第三，种树前，由各乡、区政府考察某地某山适于种植哪些树木，通知群众选择适宜的树种；第四，为保护森林和树木起见，在春夏之时，禁止随便采伐，免伤树木之发育；第五，最好用开展竞赛的办法来鼓励群众，推动这一运动。以后要注意培养树木种子，在每年春季开展植树运动。以此号召各根据地军民开展植树运动。此外，湘赣、闽浙赣、鄂豫皖、川陕等苏区，也都制定了发展林业的政策。中央决定发出后，苏区人民更是积极响应，宣传并开展护林、造林运动。

抗日战争时期，1937年，中国工农红军长征到达陕北以后成立陕甘宁边区政府，边区政府设有建设厅，林业由该厅主管。1940年初，在延安杜甫川成立光华农场，该年末成立了边区林务局，直辖两个实验林场和一个苗圃。1942年，边区政府撤销林务局，边区林业工作仍由建设厅主管，光华农场又重建苗圃开展育苗等林业工作。在陕甘宁边区，公、私有林都得到了保护。1938年2月，边区政府提出：严格保护各地林木，有计划地砍伐；积极广泛发动群众植树，发动党、政、军、民、学各机关首长和工作人员有组织、有计划地开展大规模的植树运动。1940年4月，边区政府公布《陕甘宁边区森林保护办法》和《陕甘宁边区植树造林办法》。1941年1月，这两个文件经修正后再次公布，同时边区政府还公布了《陕甘宁边区砍伐树木暂行规则》。这三个规章对边区的植树和林木保护做出详细的规定。在林业建设方面，以陕甘宁边区为例，1938~1942年陕甘宁边区政府发动群众植树260万株，1943~1946年在陕北张家畔荒滩植树500余万株。林业建设也为根据地建设提供了大量物资，据乌廷玉《北方抗日根据地农林牧副业的发展》研究，陕甘宁边区当时有七大林区：九原、洛南、华池、分水岭、南桥、关中、曲西林区。以九原林区为例，年产板材4万立方尺、原木200万根、有用果实250担、染色原料1000担、籽油200担、药材8000担、蜜蜡80担、造纸原料8万担、纤维原料4000担、薪炭18万担。各林区林业都为抗战做出了很大贡献。

晋察冀边区行政委员会于1939年9月公布《保护公私有林木办法》，规定：公私林木都由县政府督同区、村公所负责保护。经许可入林樵采时，不得私伐林木。否则责令赔偿或处罚。林地和禁山未经开放，禁止放牧。山间树根不准掘采，以保持水土。违者，据情节予以适当处罚。罚金做育苗、造林费用或林业奖金。居民发现毁林时，应速报当地政府或所有人。对报告人酌情给予奖励。同年10月，公布《禁山造林办法》。坡度50度以上的山坡，逐年划为"禁山"。不论公有、私有禁山，只准造林，不得垦荒；只准割草，不准放牧；只准修枝，不准砍树。违者，予以刑事或经济处罚。砍伐禁山中的成材树木，需经所属的区、村公所许可。上述政策调动了边区群众植树造林的积极性，促进了晋察冀边区林业的发展。到1939年末，北岳区20县共植树465万株，成活率达70%。1940年，在阜平、行唐、平山等30县，共植树1386万株，成活率在75%以上。第五专区各县，共植树467万株，每人平均植树5株以上。在冀中各县，1940年共植树740余万株。

1941年，晋冀鲁豫边区政府设农林局，所辖各行政公署和专员公署也都设有农林局。同年，边区政府公布《林木保护办法》，规定：边区军民都有保护林木的义务。公有林非经主管机关批准，任何机关、团体不得采伐。现有村林和禁山，得经逐年增植扩大。公有林、禁山、村林等区域内，只准造林，不准开荒。必须砍伐禁山、村林时，须经政府机关批准。经批准砍伐树木都须给价。如未经批准砍伐林木，按窃取林木加倍处罚。边区人民可以请领公有荒地植树造林。山东抗日根据地的林业有很大发展，到1946年6月，共有园圃97处，植树1700余万株。山东抗日根据地的5个大区到1946年上半年，共设林场 41 处，面积 315934 亩，成林树木 220 多万株。各县共植树 1754 万余株。

抗战时期，聂荣臻等参加边区的植树节

解放战争时期，1946 年，晋察冀边区政府设农林科。1948 年北岳行政公署设农林厅，并设北岳区林牧场。同年，晋察冀和晋冀鲁豫两个边区政府合并，成立华北人民政府。华北人民政府设农林部，部设林牧处和直属的冀西沙荒造林局。华北人民政府成立后，采取了诸多措施对山林加以保护并大规模植树造林，在各大林区及其他适宜的山地播种造林 2000 亩，在平原沙荒地区造林 300 万株，在各大河流的沿岸植树 200 万株，在有植树条件的地区组织群众植树 500 万株。针对以前植树造林中存在的只注重"植"而不注重"活"的问题，华北农林会议强调要"加强技术指导与组织管理，保证成活率在百分之七十以上"。

察哈尔省人民政府在1949年公布"谁种谁有"的政策，制定了护林办法，群众心里踏实，种树后也不致被毁坏或偷盗，植树造林积极性高涨。根据牛建立《二十世纪三四十年代中共在华北地区的林业建设》统计，万全县红桥堡村的共产党员带动全村330名农民植树10200株；怀来县官庄子村的共青团员带动全村青年农民301人植树5157株；万全县义兴堡村的95名妇女在妇女主任带动下植树4160株，260名青年男子植树48229株，61名儿童植树650株。

在山东解放区，根据牛建立《二十世纪三四十年代中共在华北地区的林业建设》统计，1945年鲁中植普通树2152979株、果树70761株，造公有林11亩、私有林1210亩；鲁南植普通树412328株；滨海植普通树2159000株；胶东植普通树659439株。共计植普通树5383746株、果树70761株、公有林11亩、私有林1210亩。到1948年，山东全省有昆嵛、方山、巨隅等较大林场9处，苗圃64处。昆嵛林场推动附近9个村的群众造林，并帮助组织了4个村造林合作社，造林464亩；方山林场亦推动群众造林，并发给群众树苗40000株。

在东北解放区，1948年，东北行政委员会成立林务总局，各省、县设林务局。如，松江省林务局设带岭分局，黑龙江省林务局设铁力、绥棱、圣浪分局，安东省林务局设临江、三岔子、抚松分局，内蒙古自治区林务局设阿尔山、扎兰屯、牙克石、巴彦分局。各县也设林务局，分别管理各自境内的林业生产。

8 林业学术团体的成立

鸦片战争之后,中国陷入日益严重的民族危机,维新志士极力主张发展工农业生产,发展科学教育事业,以拯救国家民族于危亡之中。在这一浪潮中,农林界人士纷纷倡议成立农林学术团体。

成立最早的是光绪年间成立的务农会。光绪二十二年(1896)在上海成立了"务农会",亦称上海农学会,其宗旨为兼采中西各法,进行农林方面的科学研究和实验。

民国6年(1917)1月,由农业教育界人士发起,在上海成立了中华农学会。同年春季,经凌道扬等倡议,在南京成立了中华森林会,其宗旨是"集合同志,共谋中国森林学术及事业之发达"。这是中国最早的林业学术团体。会员除中华农学会中的林业界人士外,还有南京金陵大学林科的部分师生。随着会员的发展增加,中华森林会又分设了支部,分别是金陵大学森林会和由日本北海道帝国大学林科中国留学生成立的清明社。民国10年(1921)中华森林会编辑出版自己的刊物《森林》,该刊为季刊,分论说、调查、研究、国内外森林消息、附录等栏。同年9月,中华森林会从南京迁往上海。民国11年(1922)由于军阀混战,国内动乱,经济困窘,中华森林会的活动停顿。《森林》于该年9月出到第2卷第3期即停刊,先后共出版7期。有些会员继续参加中华农学会的活动。

民国17年(1928)南京林业界人士经过筹备,于8月4

日在金陵大学举行了"中华林学会"成立大会,通过了《中华林学会会章》,以集合会员研究林学,建议林政,促进林业为宗旨。中华林学会成立后,向农矿部设计委员会提出了设立林务局和林业试验场的建议。中华林学会还举办普及林业知识的演讲会,在社会上引起了很大反响。民国18年(1929)10月,中华林学会编辑的不定期刊物《林学》创刊。民国19年(1930)春季,中华林学会还协助当时的农矿部开展植树造林活动。

九一八事变后,中华林学会活动停止,《林学》杂志于民国20年(1931)10月出到第4期即停刊。这段时间内,《中华农学会报》于民国23年(1934)11月出版"森林专号",刊载林业论文22篇。

民国24年(1935)中华林学会恢复活动,民国25年(1936)7月,《林学》杂志继续出版,改为半年刊。抗日战争爆发后,中华林学会又处于瘫痪状态,林学会部分会员参加中华农学会的活动。

民国30年(1941)中华林学会在重庆恢复活动,并使《林学》在停刊五年之后复刊。但终因种种条件限制被迫于民国33年(1944)停刊,前后共出版了10期。

中华森林会和中华林学会是中国成立较早的自然科学学术团体,对联络林业学者,宣传林业,开展林业学术研究和交流,推动林业事业发展,发挥了积极作用。尽管由于政局及经济困难等原因曾几起几落,学术刊物也时出时停,但在理事和会员的努力下,学会终于坚持下来。

九 现当代林业的继往开来

1949年中华人民共和国成立，中国林业的发展进入了一个新的时期。

1 新中国林业管理思想变迁

伴随着不同时期国家建设和发展的需要，相关林业管理思想也在发生变化。1949年9月29日，中国人民政治协商会议第一届全体会议通过《中国人民政治协商会议共同纲领》，其中第三十四条规定新中国伊始的林业政策："保护森林，并有计划地发展林业。"尤其是新中国成立初期，国家一穷二白，百废待兴，迫切需要快速发展社会主义经济，林业经济价值也逐渐受到重视。1958年11月6日，毛泽东在中央领导人、大区负责人和部分省市委书记参加的会议（郑州会议）讲话中就提到："要发展林业，林业是个很了不起的事业。同志们，你们不要看不起林业。"为了适应国家建设需要，人民群众深入林区，积极开垦林地，为社会主义建设提供了大量木材。这一时期，伴随林业职能变化，国家林业管理部门名称也在不断变迁。1949年10月1日，中央人民政府林垦部成立，后任命梁希为林垦部部长，李范五、李湘符为副部长。1951年11月5日，中央人民政府决定，将林垦部改为林业部，垦务工作交农业部主管。1953年，国家把全国的木材业务全部划归林业部统一管理。1956年，为适应国家建设需要，将森林采伐和木材生产等管理职能从林业部划出，单独成立森工部，直至1958年才又合并回林业部。1960年，国家又明确全国木材市场由林业部统一管理。为了发展林业，加强木材生产，国家还相继成立了东北森工总局、大兴安岭特区、伊春特区以及云南、四川等一系列重点国有林区。十年"文革"期间，林业建设遭到了很大破坏，除了木材生产外，森林资源保护与培育、林区建设等几乎完全停滞。1970年林业部与农业部合并为农林部，直到1978年才单独分出来成立林业总局，1979年又恢复林业部。总体来看，从新中国成立到"文革"结束，国家对林业的主要管理思想就是发展林业产业，进行木材生产和加工，支援国家建设。在木材产业发展的同时，森林资源大量减少，为后来林业的持续发展埋下了隐患。当然，除了森林工业、木材生产，人们也注意到了林业的其他功能，毛泽东就曾经说过："一切能够植树造林的地方都要努力植树造林，逐步绿化我们的国家，美化我国人民劳动、工作、学习和生活的环境。"但当时国家经济建设摆在首位，生态保护和可持续发展的意识还比较淡薄，森林资源保护、森林培育力度不够，林业的全面发展受到限制。

改革开放以后，前一阶段林业发展的弊端和隐患逐渐暴露，长期过量采伐所造成的森林资源锐减制约了林业的持续发展。如何恢复和保护森林资源，实现林业的可持续发展，成为迫切需要解决的问题，而相关问题也引起国家的重视。1979年2月17~23日，第五届全国人民代表大会常务委员会第六次会议原则通过《中华人民共和国森林法（试行）》，随后根据国务院的提议，决定3月12日为我国的植树节。1981年，国务院发布《关于保护森林发展林业若干问题的决定》，对林业发展战略做出调整。

值得一提的是，邓小平同志高度重视林业发展，多次在林业政策决策中发挥了重要作用。1981年，第五届全国人民代表大会第四次会议根据邓小平同志的倡议，起草并通过了《关于开展全民义务植树运动的决议》。1982年2月27日，国务院正式颁发《关于开展全民义务植树运动的实施办法》。12月26日，邓小平在全民义务植树运动情况的汇报材料上做了重要指示："这个报告令人高兴。这件事，要坚持二十年，一年比一年好，一年比一年扎实。为了保证实效，应有切实可行的检查和奖惩制度。"1983年3月12日，邓小平又在十三陵中直机关造林基地参加义务植树劳动的讲话中强调："植树造林，绿化祖国，是建设社会主义、造福子孙后代的伟大事业，要坚持二十年，坚持一百年，坚持一千年，要一代一代永远干下去。"

正是在党和国家领导人的支持下，植树造林、绿化祖国的热潮在全国迅速掀起。但是在国民经济的整体布局中，林业仍处于边缘地位，与其他行业的差距较大。这一时期的林业就是在改革和发展中缓慢前进。一方面通过植树造林等措施恢复森林资源，但短时期内难以见效；另一方面大发展中国家对以木材为主的林产品的需要却与日俱增，因此矛盾仍然很尖锐。

从20世纪90年代开始，保护生态、可持续发展理念已在全球范围内达成共识。1992年，联合国环境与发展大会发表《关于森林问题的原则声明》，突出强调森林在全球可持续发展中的重要性及其战略地位。我国林业发展指导思想也发生改变，提出围绕一个中心（一切林业工作都必须紧紧围绕提高经济效益这一中心来进行），抓好两个重点（城市绿化以及山区、沙区的开发治理），实现两个提高（全面提高林业的综合生产力和努力提高林业职工和林农的生活水平），建立一个比较完备的林业生态体系和比较发达的林业产业体系。1998年特大洪涝灾害后，国人对生态环境恶化越来越关注，国家果断做出"封山育林、退耕还林、恢复植被、保护生态"等决策，林业行业随即启动了"天然林保护工程"，这也是一次历史性的转变。

21世纪初，林业在国民经济和社会可持续发展中的重要地位与作用日益凸显。党的十五大之后，我国提出按照现代林业发展理念，建立比较完备的生态体系和比较发达的产业体系，充分发挥林业的生态效益、社会效益和经济效益，不断满足新时期国民经济与社会可持续发展及人民生活对林业的多种需求，促进我国林业持续、快速、健康发展。2012年，党的十八大报告中明确提出"大力推进生态文明建设"，将生态文明纳入"五位一体"总体布局，而现代生态文明建设，突出强调林业的主体性作用。

建设生态文明是时代赋予林业的新使命，党和国家领导人也高度重视林业在生态文明建设中的重要作用。2013年4月2日，习近平总书记在参加首都义务植树活动时强调："全民义务植树开展30多年来，促进了我国森林资源恢复发展，增强了全民爱绿植绿护绿意识。同时，我们必须清醒地看到，我国总体上仍然是一个缺林少绿、生态脆弱的国家，植树造林，改善生态，任重而道远。"2014年4月4日，习近平总书记又强调："林业建设是事关经济社会可持续发展的根本性问题。每一个公民都要自觉履行法定植树义务，各级领导干部更要身体力行，充分发挥全民绿化的制度优势，因地制宜，科学种植，加大人工造林力度，扩大森林面积，提高森林质量，增强生态功能，保护好每一寸绿色。"2014年12月25日，他又在中央政治局常委会会议中强调："森林是陆地生态的主体，是国家、民族最大的生存资本，是人类生存的根基，关系生存安全、淡水安全、国土安全、物种安全、气候安全和国家外交大局。……必须从中华民族历史发展的高度来看待这个问题，为子孙后代留下美丽家园，让历史的春秋之笔为当代中国人留下正能量的记录。"

2 新中国成立以来林业发展概况

森林资源

我国自1949年以来，先后共完成了8次全国性森林资源清查。第八次全国森林资源清查于 2009 年开始,到 2013 年结束。据统计,全国森林面积 2.08 亿公顷,森林覆盖率 21.63%。活立木总蓄积 164.33 亿立方米,森林蓄积 151.37 亿立方米。天然林面积 1.22 亿公顷,蓄积 122.96 亿立方米;人工林面积 0.69 亿公顷,蓄积 24.83 亿立方米。森林面积和森林蓄积分别居世界第 5 位和第 6 位,人工林面积仍居世界首位。但我国仍然是一个缺林少绿、生态脆弱的国家,森林覆盖率远低于全球 31% 的平均水平,人均森林面积仅为世界人均水平的 1/4,人均森林蓄积只有世界人均水平的 1/7,森林资源总量相对不足、质量不高、分布不均的状况仍未得到根本改变,林业发展还面临着巨大的压力和挑战。

林业法规体系

经过 60 多年的努力,我国初步形成了由法律、行政法规、部门规章和地方性法规、地方政府规章构成的林业法律法规体系,为林业建设提供了有力的法制保障。目前,林业部门作为执法主体的法律共有 10 部:《森林法》《防沙治沙法》《野生动物保护法》《种子法》《农业法》《农业技术推广法》《农村土地承包法》《五届全国人大四次会议关于开展全民义务植树运动的决议》《农民专业合作社法》《农村土地承包经营纠纷调解仲裁法》。主要林业行政法规约有 17 件:《森林法实施条例》《陆生野生动物保护实施条例》《野生植物保护条例》《自然保护区条例》《植物新品种保护条例》《森林防火条例》《植物检疫条例》《森林病虫害防治条例》《森林采伐更新管理办法》《国务院关于开展全民义务植树运动的实施办法》《森林和野生动物类型自然保护区管理办法》《退耕还林条例》《濒危野生动植物进出口管理条例》《城市绿化条例》《风景名胜区条例》《血吸虫病防治条例》《重大动物疫情应急条例》。林业部门规章约有50余件，如《林木和林地权属登记办法》《占用征用林地审核审批管理办法》《林业行政处罚程序规定》《林业标准化管理办法》《植物新品种保护名录》《国家保护的有益或者有重要经济、科学研究价值陆生野生动物名录》等。随着现代林业的不断深入发展以及林业功能的巨大转变，林业法规体系不断更新、完善。

林业科技、教育与信息化

1949年新中国成立以来，特别是改革开放以来，我国林业科技工作取得了显著成绩，共取得科技成果2万多项，林业科技贡献率达到39.1%。林业教育体系健全，形成了普通高等林业教育与高、中等林业职业技术教育，林业培训协调发展的林业教育培训体系。目前，涉林一级学科有生物学、林业工程、林学、建筑学、农业资源与环境、农林经济管理6个，授予专业学位的种类有风景园林、林业、工程3种。全国独立设置的普通高等林业本科院校7所，独立设置的林业（生态）职业技术学院12所、中等林业（园林）职业学校31所，另有346所其他普通高等院校和高等职业院校、587所中等职业学校招收了林科专业学生。

林业管理体系

我国林业自上而下拥有一套完整的行政管理体系，每个省、自治区、直辖市都设有林业厅（局），绝大多数地市县设有单独的林业行政机构,大部分乡镇设有林业工作站。同时,我国拥有健全的林业执法机构和执法队伍。全国共有近7000个森林公安工作机构、1.7万个防火检查站、4236个木材检查站、28112个乡镇林业工作站、3081个森林病虫害防治检疫局(站)、1372多个林木种苗管理站、7083个野生动植物管理站,以及350个国家级、768个省级、2000余个市县级陆生野生动物疫源疫病监测站,共有执法人员约32万人,其中森林公安民警6万人。

林业国际合作和交流

我国已与德国、美国、加拿大、日本、澳大利亚、俄罗斯等40多个国家和联合国粮农组织、联合国开发计划署、全球环境基金、国际热带木材组织、世界银行、亚洲开发银行、世界自然基金会、大自然保护协会、湿地国际等20多个国际组织建立了林业交流与合作渠道,在湿地保护、自然保护区建设、人员培训等领域开展了一系列的项目合作,引进了技术和资金,改善了项目区的生态环境。

3 当代林业史研究述要

林业史是从历史角度,以森林、林业和林学发展为研究对象的重要学科门类,具有基础性、交叉性的学科特点。2012年,党的十八大报告中明确了生态文明建设在五位一体建设中的重要地位,而林业是生态文明建设的主力军,作为一项重要的公益事业和基础产业,承担着建设林业生态体系、林业产业体系和生态文化体系的历史重任。林业的发展必然要求相应的林业科学研究的深入，相关林业历史文化的研究无疑也是深化林业科学研究的迫切需要。正如贾乃谦先生所说，林业科学的深入研究，势必要进行"史"的追述，方能做出"论"的概括。

中国的林业科学源远流长，林业科学发展的历史研究成果也颇为丰硕。新中国成立以来尤其是改革开放以来，对于中国林业史的研究持续发展，陆续出现了一些新的成果。

第一，综合性、基础性研究不断丰富。1987年12月，中国林学会成立了林业史学会，组织开展了一些全国林业史学术讨论会及全国地方志经验交流会，创办了《林业史学会通讯》，编辑出版了林业史论文专辑《林史文集》，为全国林业史研究提供了学术论坛以及展示成果的重要园地，有力地促进了我国林业史研究。同时，北京林业大学林业史研究室张钧成的《中国林业传统引论》，虽篇幅有限，但对中国古代林业史做出了提纲挈领的述论；我国台湾学者焦国模的《中国林业史》虽然古代部分资料有限，更多侧重于近代以来中国林业的发展及我国台湾地区的林业研究，但它是第一本以"林业史"命名的关于中国林业历史的系统论述。董智勇、佟新夫主编的《中国森林史资料汇编》对全国各省森林变迁史进行了汇总。此外，石山的《中国古代林业发展的特点》、冷清波的《中国古代的林业可持续发展观及其启示》等文，从宏观的角度对中国林业史的发展特点与脉络展开了探讨。这些关于林业史的著作、论文，丰富了中国古代林业史的研究，也为林业史的发展夯实了基础。

第二，断代林业史、区域林业史日趋增多。一些林业院校的专家学者，对中国历史上特定时期的林业史研究，做出了具有划时代意义的贡献，例如北京林业大学林业史研究室张钧成的《中国古代林业史·先秦卷》、南京林业大学林业遗产研究室熊大桐等人编著的《中国近代林业史》、金麾的博士学位论文《清代森林变迁史研究》，都是关于中国林业史断代研究的力作；此外，刘锡涛的《唐代林业史话》、肖平的《我国古代林业税收研究》等文，探讨了中国古代特定历史时期的林业问题。同时，黑龙江林业局编的《黑龙江省林业史料汇编》、韩麟凤主编的《东北的林业》、王九龄等人的《北京森林史辑要》、冯祖祥的《湖北林业史》、阳雄飞主编的《广西林业史》、雷志松的《从浙江林业史谈区域林业史研究的意义与前瞻》等，成为区域林业史的典范之作。

第三，专题性研究不断深化。随着林业史工作者队伍的逐步壮大，相关研究也日益深入，当代林业史研究成果的专题性特点明显。

森林资源变迁方面，陶炎的《中国森林的历史变迁》，马忠良主编的《中国森林的变迁》，凌大燮在《中国农史》上发表的《我国森林资源的变迁》，赵冈的《中国历史上生态环境之变迁》，樊宝敏、董源的《中国历代森林覆盖率的探讨》，董智勇、佟新夫主编的《中国森林变迁史资料汇编》，是这一领域具有代表性的研究作品。

林业科技史方面，干铎主编的《中国林业技术史料初步研究》辑录诸多林业生产史料；熊大桐主编的《中国林业科学技术史》，是一部具有通史性质的中国林业科学技术史的专著，甚至一定程度上梳理了中国林业通史的脉络；王长富的《东北近代林业科技史料研究》也涉及大量林业科技史的内容。

林业思想文化与教育方面，王传书的《林业哲学与森林美学研究》、李莉的《中国传统松柏文化》以及马爱国的《论我国古代林业思想及政策中的和谐观》等文，属于比较典型的林业思想文化研究文章；胡汉斌的《建国前的林业教育》、胡孔发的《民国时期的林业教育研究》，对现当代的林业教育进行了论述；杨绍章的《中国林业教育史》，系统梳理了我国林业教育发展的面貌。此外，各林业院校出版的校史，也属于林业教育著作的范畴。

林业政策与法制方面，焦国模的《林政学》、刘平康的《林政学》、台湾学者吴金赞的《中华民国林业法制史》，其中都有关于林业法制的探讨。樊宝敏的《中国林业思想与政策史（1644~2008）》一书，对清代以来的中国林业政策进行了系统研究。胡勇、丁伟的《民国初年林政兴起和衰落的原因探析》《民国初年的林政论析》，论述了民国初年在林业政策方面的合理举措成效显著，是中国林政的重要转型期。

第四，多维度与跨学科研究亮点频现。林业史是林业科学与历史科学、自然科学与社会科学交融的一门学科，具有软科学和边缘学科的属性，其功能也为多种学科所必需。所以林业史的许多课题都超出了林学的视野,与农学、历史学、历史地理学、古生物学、生态史学、环境史学、考古学产生密切的交集。这些学科的研究需要参考利用林业史的研究成果,这就凸显了林业史研究的多重价值。同时,这些学科利用了现代科学技术手段,拓展了新的研究方法和视角,丰富了林业史的内容,使学科之间互相补充、融会贯通,构建并完善了林业史学科体系。多维度与跨学科的交叉研究,能够取得很多前所未有的新成果,限于篇幅,就不列举赘述。

特别要提出的是,伴随着国人对生态环境问题的关注,党和国家对生态文明建设的重视,人们也逐渐认识到林业发展在生态文明建设中的基础性作用,进而带动一股新的林业科学研究热潮,林业历史文化领域的研究也日益兴盛,《中华大典·林业典》就是在此背景下启动编纂的。

2006年以来,在尹伟伦院士和严耕教授带领下,北京林业大学林业史研究室承担编纂《中华大典·林业典》的主要工作,经过不懈努力,2014年底《森林培育与管理分典》《森林利用分典》《林业思想与文化分典》《森林生态与资源分典》《园林与风景名胜分典》五部分典最终全部出版。五部分典互为彼此,相互支撑,囊括了中国古代森林资源及林业科技与文化的重要资料,并按照现代学科体系对资料内容进行分类。《中华大典·林业典》近1600万字,是中国历史上第一部集古代林业经典之大成的类书,也是有史以来林业领域最重大的一项文化工程。

**国家"'十一五'重点社科规划项目"
成果《中华大典·林业典》书影**

在启动《中华大典·林业典》编纂工作之初，出于编纂工作和后续人才培养的需要，时任北京林业大学校长的尹伟伦院士就确立了"以课题研究带动学科发展"的指导思想。为此，北京林业大学开始招收中国林业史方向的博士研究生和硕士研究生，学科体系逐渐完善。《中华大典·林业典》的成功编纂，不仅使中国林业史的研究水平进一步向纵深方向发展，而且取得了科学研究与学科建设两线的丰硕成果。综上而言，正如《林业史研究的历史机遇与重任》一文所指出的："全球共同应对生态危机，将林业赋予首要地位；国家全面建设小康和谐社会，林业作为经济社会协调发展一项重要的公益事业和基础产业；林业确定了以生态建设为主的可持续发展道路，正处在一个历史性变革时期；林业史研究及其学科建设历经时代孕育，潜能即将释发。林业史研究应站在林业发展史当今新的起点上，认清当代林业的历史地位及其为新时期林业史研究提供的历史机遇与重任，增强历史使命感和自信心，以古鉴今，启迪未来。"

参考文献

1. 干铎主编《中国林业技术史料初步研究》，中国林业出版社，1962。
2. 陈嵘：《中国森林史料》，中国林业出版社，1983。
3. 熊大桐等：《中国近代林业史》，中国林业出版社，1989。
4. 中国林学会林业史学会：《林史文集（第一辑）》，中国林业出版社，1990。
5. 中国林学会林业史学会：《林业史学会通讯》第3期，1989年1月；第8期，1992年9月；第10期，1999年3月。
6. 张钧成：《关于林业史学科建设问题的思考》，《中国林业教育》1991年第2期，第24~27页。
7. 张钧成：《中国林业传统引论》，中国林业出版社，1992。
8. 董智勇，佟新夫：《中国森林史料汇编》，吉林省新闻出版局，1993。
9. 陶炎：《中国森林的历史变迁》，中国林业出版社，1994。
10. 张钧成：《中国古代林业史·先秦卷》，五南图书出版公司，1995。

11. 熊大桐：《中国林业科学技术史》，中国林业出版社，1995。

12. 石山：《中国古代林业发展的特点》，《湖北林业科技》1999年第1期，第1~2页。

13. 焦国模：《中国林业史》，渤海堂文化事业公司，1999。

14. 张钧成：《承前启后忆前贤——关于北林林业史学科建设的回忆》，《北京林业大学学报》（社会科学版）2003年第3期，第75~80页。

15. 王子今：《秦汉时期生态环境研究》，北京大学出版社，2007。

16. 于甲川、董源：《林业史研究的历史机遇与重任》，《林业经济》2007年第2期，第66~71页。

17. 樊宝敏：《中国林业思想与政策史：1644~2008年》，科学出版社，2009。

18. 李飞：《中国古代林业文献述要》，北京林业大学，2010。

19. 周景勇：《中国古代帝王诏书中的生态意识研究》，北京林业大学，2011。

20. 梁明武：《明清时期木材商品经济研究》，中国林业出版社，2012。

21. 李莉、李飞，周景勇：《探寻我国传统生态思想的源头》，《中国林业产业》2014年第1期，第134~137页。

后　记

作为《中国史话》系列丛书的重要组成部分，《林业史话》的出版发行，既有助于普通读者走进林业、了解林业，进而支持林业和参与林业，又可以作为一本林业系统干部职工进一步了解林情的重要教材，也是首次以史话的形式和体裁出版中国林业史方面的书籍，具有重要意义。

本书的编撰出版得到了国家林业局党组的高度重视，党组书记、局长张建龙亲任编委会主任并作序，局宣传办公室负责组织编纂出版工作。以北京林业大学人文学院林业史教师队伍为核心的编写小组，数易其稿，完成写作。同时，社会科学文献出版社领导和编辑悉心指导，为本书的顺利出版付出了大量心血。在此一并表示感谢。

由于水平有限，本史话兴许仅能管中窥豹，难以帮助读者全面系统地了解中国林业的发展历程。不尽如人意之处在所难免，敢望读者海涵。

编　者

2016 年 10 月

史话编辑部

主　任　袁清湘

成　员　(以姓氏笔画为序)
　　　　王　和　王　敏　王玉霞　李艳芳
　　　　杨　雪　杜文婕　连凌云　范明礼
　　　　周志宽　高世瑜

图书在版编目(CIP)数据

林业史话 / 国家林业局编. --北京：社会科学文献出版社，2016.12
（中国史话）
ISBN 978-7-5097-9994-9

Ⅰ.①林… Ⅱ.①国… Ⅲ.①林业史-中国 Ⅳ.①F326.29

中国版本图书馆 CIP 数据核字（2016）第 275749 号

"十二五"国家重点图书出版规划项目

中国史话·经济系列

林业史话

编　者／国家林业局

出 版 人／谢寿光
项目统筹／袁清湘　谢　安　　责任编辑／连凌云　王玉霞

出　版／社会科学文献出版社·史话编辑部（010）59367143
　　　　　地址：北京市北三环中路甲29号院华龙大厦　邮编：100029
　　　　　网址：www.ssap.com.cn
发　行／定制出版中心（010）59366509　59366507
　　　　　市场营销中心（010）59367081　59367018
印　装／三河市尚艺印装有限公司
规　格／开　本：889mm×1194mm　1/32
　　　　　印　张：6.125　字　数：128千字
版　次／2016年12月第1版　2016年12月第1次印刷
书　号／ISBN 978-7-5097-9994-9
定　价／25.00元

本书如有印装质量问题，请与读者服务中心（010-59367028）联系

版权所有 翻印必究